Ludwig Wunderlich

**Beiträge zur vergleichenden Anatomie und Entwicklungsgeschichte des unteren Kehlkopfes der Vögel**

Ludwig Wunderlich

**Beiträge zur vergleichenden Anatomie und Entwicklungsgeschichte des unteren Kehlkopfes der Vögel**

ISBN/EAN: 9783743451278

Hergestellt in Europa, USA, Kanada, Australien, Japan

Cover: Foto ©berggeist007 / pixelio.de

Manufactured and distributed by brebook publishing software (www.brebook.com)

Ludwig Wunderlich

**Beiträge zur vergleichenden Anatomie und Entwicklungsgeschichte des unteren Kehlkopfes der Vögel**

# Beiträge

zur

## vergleichenden Anatomie und Entwickelungsgeschichte des unteren Kehlkopfes der Vögel.

Inaugural-Dissertation

zur

Erlangung der philosophischen Doctorwürde

an der Universität Leipzig

von

**Ludwig Wunderlich**

aus Weende.

Separat-Abdruck aus: Nova Acta der Kaiserl. Leop.-Carol. Deutschen Akademie der Naturforscher. Bd. XLVIII.

HALLE.
1884.
Druck von E. Blochmann & Sohn in Dresden.

Nach längerer Beschäftigung mit der Systematik der Vögel begann ich auf Anrathen meines hochverehrten Lehrers, Herrn Geheimrath Leuckart, das Organ zu untersuchen, welches uns die gefiederte Welt so lieb macht, nämlich das Stimmorgan. Die Literatur, welche ich darüber vorfand, war allerdings schon sehr umfangreich und ich zweifelte anfangs, derselben noch Neues hinzufügen zu können. Doch weiter eindringend fand ich manches Ungenaue und Unvollständige in der Beschreibung der Musculatur und der Stimmbänder des unteren Kehlkopfes, und diesen Punkten widmete ich in der Folge meine Hauptaufmerksamkeit, ohne jedoch die Skelettstücke ausser Acht zu lassen. Ich nahm an Vögeln vor, was ich bekam und in der vergleichend-anatomischen Sammlung des Leipziger zoologischen Instituts vorfand, und wenn auch nicht aus allen, so finden sich im Nachstehenden doch eine ganze Zahl von Familien in ein oder mehreren Vertretern beschrieben. Ich gedenke diese Untersuchungen fortzusetzen, um womöglich den Werth des unteren Kehlkopfes für die Systematik zu ergründen.

1*

## Geschichtliches.

Den Ort der Stimmbildung beim Menschen kannte man schon seit alten Zeiten, und an demselben Orte, glaubte man, bilde sich auch bei den Vögeln die Stimme. Jene eigenthümliche Umformung der Trachea an der Theilung in die Bronchien war den früheren Forschern entgangen. Erst Anfang des 17. Jahrhunderts findet man die ersten Nachrichten über den unteren Kehlkopf und seine Bedeutung für die Stimmbildung.

Kaiser Friedrich II. beschreibt die Windungen der Trachea beim Kranich, und schreibt denselben einen Einfluss auf die Höhe des Tones zu [1]).

Fabricius ab Aquapendente sucht den Ort der Stimmbildung noch im oberen Kehlkopf, obgleich er wohl erkennt, wie weit derselbe von dem der Säugethiere abweicht [2]). Ebenso ergeht es Casserius, der in seiner umfangreichen Arbeit über Stimme und Gehör nur den oberen Kehlkopf bei den Vögeln erwähnt, während ihm der untere anscheinend unbekannt ist [3]).

Aldrovandi ist der erste, der diesen letzteren abbildet und beschreibt [4]). Auch wendet er schon den Namen Larynx für dieses Organ an. Im dritten Bande seiner Ornithologie findet man pag. 107 die Abbildung des Respirationsorganes von *Anser domesticus* mit einer deutlichen Anschwellung an der Bifurcation, die als Quadrangulus laryngis compressus bezeichnet ist. Auch die innere Paukenhaut ist angedeutet. Bei *Anser ferus* (pag. 154) ist der Kehlkopf wenig abgesetzt, bei *Anas domestica* (pag. 190) sieht man Anschwellungen

---

[1]) Reliqua librorum Friderici II de arte venandi cum avibus. 1596. Cap. 37. pag. 93.
[2]) Fabricius ab Aquapendente. Libelli de visione, voce et auditu. Venet. 1600. in Op. omnia anatomica et physiol. ex ed. Bohmii 1687. pag. 268.
[3]) Julius Casserius, De vocis auditusque organis. Ferrariae 1600. Fol.
[4]) Ulyssis Aldrovandi Ornithologia. 3 vol. Bonon. 1600—1603. Fol.

am unteren Kehlkopf, von denen die rechte von der linken an Grösse bedeutend übertroffen wird. Bei *Mergus mustellaris leucomelanus* (pag. 279) finden die Musculi sternotracheales Erwähnung, als dicht über der Anschwellung abgehend. Diese selbst ist linksseitig und hat häutige Fenster. In der von *Ardea stellaris* (pag. 405) gegebenen Abbildung sieht man deutlich die Verbreiterung der Bronchien in der Gegend ihrer ersten Halbringe und die grosse Membrana tympaniformis interna. Auch den Werth dieses Organes für die Stimmbildung scheint Aldrovandi gekannt zu haben, wenigstens möchte ich folgende Stelle, die sich Bd. II pag. 705 bei der Beschreibung von *Upupa* findet, darauf beziehen. „Aspera arteria initio divaricationis, quibus in pulmones utrosq. finitur duo veluti oscula extrinsecus laryngis vicem supplentia exhibebat, quibus pellicula tenuissima praetendebatur. Annuli dimidii seu semicirculi in utrumq., latus terminati nequaquam interna parte coibant, sed tota interior facies hiabat, subtilissima membrana obtenta tantummodo cooperta, quae aëre ac spiritu copioso vocis efformandae ac aedendae gratia concepto in amplius distendi possit."

G. Fabricius ab Hilden soll in seinem Werke „Von der Fürtrefflichkeit, Nutz und Nothwendigkeit der Anatomie. Bern 1624" ebenfalls vom unteren Kehlkopf der Vögel gesprochen haben. Leider war mir diese Schrift nicht zugänglich.

Sehr unklar in Beziehung auf das Stimmorgan ist Bartholin in seiner Anatomie des Schwanes[5]. Nachdem er die Windungen der Trachea beschrieben hat, fährt er fort: „Antequam autem (ergänze aspera arteria) thoracem et ibi sitos pulmones attingat, prius laryngem quandam efformat cum osse hyoide lata membrana vestito et musicorum instrumentorum fistulam referente, ea facie quam infra expressimus, superius lata, sed angustà rimà, inferius vero angustior et depressior. Sub qua larynge sive osse hyoideo . . . . ." Aus der Figur erkennt man, dass er mit diesen beiden Bezeichnungen den getheilten letzten Trachealring gemeint hat. Ob indessen ein fester Steg vorhanden, lässt sich aus der Figur nicht ersehen. Die Anschwellungen der Bronchien finden bei Bartholin ebenfalls Erwähnung.

---

[5] Bartholin, Th., Dissertatio de cygni anatome et cantu. Hafniae 1668. 8°.

Oliger Jacobäus beschrieb den allerdings sehr auffallenden unteren Kehlkopf der Papageien [6]). Sein Werk konnte ich jedoch weder in Leipzig, Göttingen noch Berlin erhalten, so dass ich auf eine Besprechung desselben hier verzichten muss. Ich kann dies um so eher, als der nächste Schriftsteller in Bezug auf die Papageien auf der Darstellung des Jacobäus fusst. Dieser, Collins, reproducirt zunächst fast wörtlich die Darstellung Bartholin's über den unteren Kehlkopf des Schwanes [7]). Auch er wirft Larynx und Os hyoideum zusammen. Beim Kranich soll die Trachea ebenfalls mit dem Zungenbein den unteren Larynx bilden, doch liegt hier sicherlich eine ähnliche Verwirrung vor, wie bei Bartholin's Schwan.

Ziemlich genau dagegen ist — was die Skelettstücke anbelangt — Collins Beschreibung vom unteren Kehlkopf eines Papagei. „About the lower end, where the Wind-pipe is divaricated, is placed a Cartilage (decked with an elegant Figure) which seemeth to be entirely one, but is made up of Three Cartilages, of which the upper doth resemble a piece of a hollow Cone cut off, and its Base doth emit Processes on each side, ending into Apexes. resembling those of Quills, and the intermediate space interceding the Apexes is Semicircular, to which on each side a Cartilage is annexed, endued with a Parabolical Figure, where it is conjoyned to the upper side: but in the opposite side, it hath as it were Two Horns and between them a Right Line, as Ligerus Jacobaeus hath observed."

Was derselbe über das Stimmorgan der Ente sagt, ist weniger befriedigend. Er beschreibt zunächst einen Muskel, der von dem Schlunde an beiden Seiten der Trachea herabkommt und nach der Spitze des Thorax läuft. Unterhalb des Abgangs dieses Muskels wird die Trachea knöchern („obtaineth a kind of bony Nature") und nimmt grössere Dimensionen an. Sie theilt sich schliesslich in zwei Arme, die nachher membranös werden. Alle Knorpelringe sind hinten und vorn durch eine membranöse Linie getheilt, so dass die Ringe unvollständig werden. Weiter liefert Collins auch Abbildungen von dem unteren Kehlkopf eines Reihers (Tab. XXII) und eines Papagei's (Tab. XXIII).

---

[6]) Oliger Jacobaeus, Anatome Psittaci, in: Act. Hafn. Vol. II. 1673.
[7]) Collins, System of anatomy. 1685. Vol. II. pag. 810—819.

So waren also die Forscher auf Grund der anatomischen Beschaffenheit des unteren Kehlkopfes zu der Ansicht gekommen, dass hier die Stimme gebildet werde. Aber der directe Beweis hierfür fehlte noch. Das Verdienst, diesen durch das Experiment erbracht zu haben, gebührt du Verney, der 1686 in der Sitzung der Pariser Akademie an einem lebenden Hahn zeigte, dass die Stimme sich nicht, wie bei den anderen Thieren, im oberen Kehlkopf bilde, sondern am unteren Ende der Trachea, an der Bifurcation [8]).

Natürlich, dass durch dieses Mitglied der Akademie die Aufmerksamkeit der Forscher immer mehr auf den unteren Kehlkopf gelenkt wurde. Die Beobachtungen darüber mehrten sich sehr schnell. So lieferte Perrault die erste genaue Beschreibung von der Muskulatur des unteren Kehlkopfes einiger Vögel. Vom Kormoran sagt er, dass die Trachea an der Bifurcation einen grossen knöchernen Ring hat und durch zwei Muskeln mit dem Sternum verbunden ist: „peut-être que ces muscles, qui sont particuliers aux oiseaux, servent à former leur voix, qui est très-forte par rapport à la petitesse de leur corps". Die obere Glottis hat für die Stimmbildung keine Bedeutung [9]).

Auch bei *Grus virgo* und anderen hat Perrault dies Muskelpaar gefunden, bestimmt die Trachea herabzuziehen [10]). Bei *Numida cristata* sind die Muskeln sehr klein und laufen an den Seiten der Trachea herauf (pag. 86). Bei Haliaëtus wird der Ansatz an das Brustbein beschrieben (pag. 97).

Dodart weist darauf hin, dass die Trachea der Vögel, im Gegensatz zu der des Menschen, an der Stimmbildung Theil haben müsse, wenn die Glottis am unteren Ende derselben liegt, „wie es bei vielen Ufervögeln der Fall ist" [11]). Eben so bestimmt lauten die Angaben von Herissant, der zum ersten Mal darauf aufmerksam macht, dass die Bänder des oberen Kehlkopfes bei den Vögeln unfähig sind zu schwingen und Töne zu bilden [12]). Diese

---

[8]) Histoire de l'académie des sciences. Paris 1666—1699. Tome II. pag. 7.
[9]) ibid. Tome III. 1ère part. pag. 220.
[10]) ibid. 2ième part. pag. 11.
[11]) Dodart, Sur les causes de la voix de l'homme, in: Mém. de l'acad. des sciences. Paris 1700. pag. 248.
[12]) Herissant, Recherches sur les organes de la voix des Quadrupèdes et des Oiseaux, in: Mém. de l'acad. des sciences. Paris 1753. pag. 279, übersetzt in: Froriep's Bibliothek für vergl. Anatomie Bd. I. St. 2. pag. 457.

letzteren entstehen vielmehr in dem inneren Larynx, in welchem bei der Gans vier Membranen vorkommen sollen, welche zur Bildung zweier Paare Mundstücke zusammentreten. Herissaut meint damit die beiden inneren und äusseren Paukenhäute. Ausser ihnen sollen noch spinnenwebenartig angeordnete Membranen in den Hauptbronchien innerhalb der Lungen (und zwar bei allen Vögeln) zur Stimmerzeugung mitwirken. Bei einigen findet man noch Membranen in den Anschwellungen der Trachea oder des unteren Kehlkopfes. Ferner weist Herissaut darauf hin, wie wichtig auch die Luftsäcke für die Stimme sind, wie schon daraus hervorgeht, dass eine Verletzung des vorderen, der zwischen dem Gabelbein liegt, die Stimmbildung unmöglich macht. Dabei soll die Luft in denselben der durch die Trachea strömenden und an die Membranen des unteren Kehlkopfes stossenden das Gegengewicht halten, so dass sehr starke und schnelle Erschütterungen hervorgerufen werden.

Die Arbeit von Malvet und Savari, in welcher der untere Kehlkopf der Wasservögel näher beschrieben sein soll, konnte ich nicht einsehen [13]).

Dodart's Behauptung, dass die Trachea von Einfluss auf den Ton sei, wurde übrigens keineswegs von allen Seiten anerkannt. So machte namentlich Parsons dagegen geltend, dass die singenden und sprechenlernenden Vögel keine Krümmungen ihrer Luftröhre aufzuweisen haben, wohl aber häufig die stummen oder nur wenige Töne hervorbringenden [14]). Er schliesst aus diesem Umstande, dass die Länge der Trachea die Stimme durchaus nicht beeinflusse, sondern dass es einzig und allein die Glottis im unteren Kehlkopfe sei, welche sie erzeugt und modulirt.

Bei dieser Gelegenheit darf ich auch wohl die Ansicht von Barrington erwähnen, nach welcher dem Vogel ein ihm eigenthümlicher specifischer Gesang abgeht [15]). Alles, was derselbe singt, soll er von seinem Lehrmeister erlernt haben. Anders freilich Kennedy, der im Gegensatz zu Barrington

---

[13]) Pet. L. Maria Malvet et Jacob Savari, Ut caeteris animalibus ita homini sua vox peculiaris. Paris 1757.

[14]) Parsons, James, An account of some peculiar adventages in the structure of the aspera arteria or windpipes of several birds. In: Philosoph. Trans. V. 1766. pag. 204.

[15]) Barrington, Experiments and observations on the singing of birds. In: Philosoph. Trans. LXIII. 1773. pag. 282.

behauptet und wohl auch genügend beweist, dass jeder Vogel seine eigene Strophe singe, und zu deren Erlernung keines Lehrmeisters bedürfe [16]).

Haller giebt in einer Anmerkung zu seinem Werke über die Theile des menschlichen Körpers eine genaue anatomische Beschreibung vom unteren Kehlkopf der Gans [17]). Auch findet man bei ihm eine kurze Zusammenstellung der bis dahin auf das Stimmorgan untersuchten Vögel.

Deutsche, englische und französische Forscher wenden in der nächsten Zeit ihre Aufmerksamkeit auf dies merkwürdige Organ, und so ist es denn nicht zu verwundern, dass die Literatur und die Zahl der untersuchten Vögel bis zum Schlusse des 18. Jahrhunderts um mehr als das Doppelte wächst.

Besonders bemerkenswerth unter diesen Arbeiten ist eine Abhandlung von Bloch [18]). In derselben lehrt er uns unter anderen beim gemeinen Kranich den Unterschied der Trachea in beiden Geschlechtern kennen. Vom Auerhahn beschreibt er zwei Muskeln, die vom oberen Kehlkopf an den Seiten der Trachea herabkommen, sich dann an der Krümmung derselben vereinigen und nach der Mitte des oberen Randes des Brustbeines verlaufen. Weiter hebt derselbe hervor, dass *Mergus merganser* und *M. albellus* im männlichen Geschlecht am unteren Kehlkopf eine eigenthümliche Anschwellung besitzen. Sie ist nicht vollständig knöchern geschlossen, sondern hat vorn zwei, hinten ein Trommelfell. Das eigenthümliche Uebereinandergreifen der Trachealringe deutet er dahin, dass er annimmt, dieselben seien an einer Seite breiter als an der anderen und die schmale Seite eines Ringes sei immer an der breiten Seite des folgenden Ringes gelegen.

Von *Anas clangula*, *A. crecca*, *A. boschas*, *A. acuta*, *A. penelope*, *A. marila*, *A. fuligula* lehrt er uns die linksseitige Anschwellung des unteren Kehlkopfes kennen, die ein oder mehrere Trommelfelle trägt. Auch kennt er den hohen Steg, der das untere Ende der Trachea theilt. Anders bei *Anas circia*, die eine keulenförmige Anschwellung am unteren Kehlkopf besitzt, deren rechte Seite etwas grösser ist, als die linke.

[16]) Ildephons Kennedy's Anmerkungen über das Singen der Vögel. In: Neue philosoph. Abhandl. der bair. Akad. d. Wissensch. Bd. 7. 1797. pag. 170.
[17]) Alberti Halleri, de partium c. h. fabrica et functionibus. 1778. Tom. VII. pag. 320.
[18]) Bloch, Ornithologische Rhapsodien. In: Beschäft. der Berl. Gesellschaft naturforschender Freunde. 1779. Bd. IV. pag. 579.

Ebenso erwähnt Bloch zuerst die eigenthümliche Muskulatur des unteren Kehlkopfes bei den Singvögeln. *Corvus corax* und *C. corone* haben nach seiner Angabe vorn vier, hinten zwei Paar Muskeln, welche sich mit ihren Spitzen in die Seitenmuskeln der Ringe verlieren. Unter letzteren versteht er gewiss die Membranen zwischen den Bronchialhalbringen. Er glaubt, dass diese sechs Muskelpaare zur Stimmbildung dienen, ist aber verwundert, sie auch beim weiblichen Raben zu finden, obwohl doch die Stimme bei den männlichen und weiblichen Singvögeln keineswegs die gleiche ist.

Vicq d'Azyr zieht eine Parallele zwischen den an der Theilungsstelle der Trachea bei den Vögeln vorkommenden Membranen und den menschlichen Stimmbändern[19]). Die Windungen der Trachea hält derselbe für ein Analogon der knöchernen Taschen und der weiten Höhlungen, welche man bei gewissen Säugethieren im Kehlkopf findet. Dieselben verstärken den Ton, ändern ihn aber nicht. Ein Mitwirken der oberen Glottis bei der Stimmbildung glaubt er ganz ausschliessen zu müssen.

In seinen gesammelten Werken beschreibt Vicq d'Azyr den unteren Kehlkopf des Reihers, der Rohrdommel, verschiedener Hühnervögel, der Gans, Ente, Trappe und einiger Singvögel[20]). Beim Truthahn erwähnt er zuerst das Ligament, welches die beiden Bronchien verbindet und von Garrod als Bronchidesmus bezeichnet wurde. Die Kehlkopfmuskeln der Taube sind ihm bekannt, auch der Ort ihrer unteren Insertion. Den grossen Vögeln, wie Truthahn, Gans, Ente, Trappe, Rohrdommel, spricht er Muskeln am Stimmorgan ab, während er dasselbe bei den *aves canorae*, wie Nachtigall, Zeisig, Lerche etc., vollständig von einem Muskel bedeckt sein lässt, der auf der Vorderseite gefurcht ist und hinten auf zwei kleinen Warzen endet. Gleichzeitig liefert derselbe Abbildungen vom unteren Kehlkopf der Truthenne, der Taube, des Zeisigs und der Lerche.

Nach den Differenzen des Stimmorgans glaubt Vicq d'Azyr drei Typen aufstellen zu können, die er folgendermassen charakterisirt: 1) Die Trachea ist gerade und die Verdickung an ihrer Theilung ohne Muskeln,

---

[19]) Vicq d'Azyr, Mém. sur la voix et la structure des organes, qui servent à la formation de la voix. In: Mém. de l'acad. des sciences. Paris 1779. pag. 178.
[20]) Ders., Oeuvres recueillies par Moreau. Paris 1805. Tome IV. pag. 372. Planche IV.

2) ein schmaler glatter Muskel bedeckt sie bei ebenfalls gerader Trachea.
3) die Trachea macht verschiedene Windungen und das Stimmorgan ist in Wahrheit zusammengesetzt. Für diese dritte Gruppe Vögel zu finden, die beiden Anforderungen in gleichem Maasse genügen, dürfte übrigens schwer sein, man müsste sonst das Auftreten sehr gestreckter erster Bronchialringe, wie man sie beim Reiher, Schwan, Kranich etc. findet, für bedeutende Complicationen ansehen.

Auch Schneider giebt an, dass die Stimme der Vögel an der Stelle gebildet werde, die man jetzt als unteren Larynx bezeichnet[21]). Er lehrte, dass man die Stimme eines eben abgestorbenen Vogels reproduciren könne, indem man Luft in einen abgebrochenen Röhrenknochen oder in einen Luftsack treibt.

Beim Raben beschreibt derselbe ausser den Sternotrachealmuskeln drei Paare, beim Papagei deren fünf[22]). In dem Ligament, welches die inneren Paukenhäute verbindet, glaubt er zwei Quermuskeln zu sehen. Bei dem schwarzen Storch vermisst er den unteren Kehlkopf, ebenso den Steg, welcher das thoracale Ende der Trachea theilt. Als Anhänge dieser sieht er die Erweiterungen am unteren Kehlkopf der Enten an, die theils durch Knochen, theils durch Membranen in mehrere Fächer getheilt sind.

Weiter beschreibt derselbe die Luftröhre von *Fulica atra*, deren Ringe nur durch Haut geschlossen seien, ferner vom Schwan, dessen unterem Kehlkopf der Steg fehle, und die Stimmorgane vom Auerhahn und dem Haubentaucher.

Mit dem Labyrinth der *Anatidae* und *Mergidae* beschäftigt sich in der Folge Latham[23]). Bei der Mehrzahl der Enten und bei *Mergus albellus* fand derselbe eine einseitige Anschwellung, bei *Anas tadorna* und *Mergus serrator* bildet er eine doppelte ab, während er eine solche bei *Anas clangula* und *A. fusca* überhaupt vermisst.

Auch auf das Physiologische geht Latham ein und sucht nach der Bedeutung der Trachea für die Stimmbildung. Ihm war die verschiedene

---

[21]) J. G. Schneider, Physiologische Bemerkungen aus der Naturgeschichte der einheimischen Vögel. In: Leipz. Magaz. für Naturkunde etc. 1786. pag. 460.
[22]) Ders., Anatomische Beiträge zur Naturgeschichte der Thiere. Ebendas. 1787. pag. 207.
[23]) Latham, An essay on the trachea of various kinds of birds. In: Trans. Linn. Soc. Vol. IV. London 1798. pag. 95.

Härte der Knorpelringe aufgefallen: „added to which is the great difference of muscular appendages: for, in the birds which have a weak voice, the muscles are so likewise: on the contrary, very strong muscles are observable in those whose cry is loud, by which structure the rings, the strength of which is ever proportional, are put into violent action, and the bird thereby enabled to throw out the air with great force. It is certain also, that, in birds which sing, the muscles of the larynx are stoutest in the male, and in the Nightingale are stronger in proportion than in any bird of the same size."

Weit eingehender aber als die früheren Forscher beschäftigte sich Cuvier mit dem Stimmorgan der Vögel, und zwar berücksichtigte er in gleicher Weise die anatomischen Verhältnisse, wie die physiologischen Vorgänge. Er nahm die Experimente, welche zuerst du Verney, darauf Girardi angestellt hatten [24]), wieder auf und bewies auf die exacteste Weise an Amseln, Elstern etc., dass die Stimme nur im unteren Kehlkopf gebildet werde [25]).

Es sind vorzüglich die inneren Paukenhäute (membranae tympaniformes), welche bei der Stimmbildung mehr oder weniger schnell, gleich Trommelfellen, schwingen, je nachdem sie durch die Muskeln gespannt werden. Die Muskulatur selbst aber zeigt mancherlei auffallende Verschiedenheiten. *Sturnus vulgaris*, den er als Repräsentant der Singvögel herausgreift, hat nicht weniger als fünf Muskelpaare, *Psittacus ochrocephalus* deren drei, andere Vögel nur ein einziges Paar. Wo besondere Kehlkopfmuskeln fehlen, da vertritt der musculus sternotrachealis deren Stelle.

[24]) Girardi, Organi respir. negli uccelli. M. della società italiana. Verona 1784. II. pag. 736.
[25]) Cuvier. Mém. sur le larynx inférieur des oiseaux. In: Magas. encyclopéd. 1795 tom I. pag. 330., übers. in Reil's Archiv für Physiologie Bd. 5. 1802. pag. 67—97.
Derselbe, Sur les organes de la voix dans les oiseaux. In: Bull. des sciences. Soc. Philom. I. 2. 1798. pag. 115—116.
Derselbe, Extrait d'un mémoire sur les organes de la voix dans les oiseaux. In: Magas. encyclopéd. Année IV. t. II. Paris 1798. pag. 162.
Derselbe, Mém. sur les instruments de la voix des oiseaux. In: Journal de physique, de chimie etc. T. L. Paris 1800. pag. 426.
Derselbe, Vorlesungen über vergl. Anatomie, übers. v. Meckel. Leipzig 1810. Bd. IV. pag. 300.
Derselbe, Leçons d'anatomie comparée par Cuvier et Duvernoy. Paris 1846. T. VIII. pag. 726.

Der in dem unteren Kehlkopf gebildete Ton muss nun die Trachea passiren, und hier sind es drei Momente, welche verändernd auf denselben wirken: a) die Fähigkeit der Trachea sich mehr oder minder stark und leicht verlängern oder verkürzen zu können, b) die verschiedene Festigkeit ihrer Wandungen und c) ihre Form. So kann die Trachea cylindrisch sein oder conisch, sie kann plötzliche Ausbuchtungen haben oder sanft anschwellen und sich verengern. Die Sänger haben eine cylindrische Trachea, ihre Stimme ist uns in den meisten Fällen angenehm, während Vögel mit einer conischen Trachea, wie die Rohrdommel, eine schreiende, trompetenartige Stimme hören lassen. Vögel, deren Trachea Ausbuchtungen zeigen, einerlei ob diese plötzlich auftreten oder allmählich, können nur Misstöne hervorbringen.

Auf weitere Einzelheiten hier einzugehen, kann ich unterlassen, da ich im anatomischen Theil doch vielfach auf die Schriften Cuvier's recurriren muss.

Einen Grund für die schmetternde Stimme vieler Vögel glaubt Humboldt in einem membranösen Ansatz gefunden zu haben, der sich auf dem unter dem oberen Kehlkopf liegenden und von ihm als Sockel bezeichneten Knorpel erhebt[26]). Er fand diese Membran, welche den austretenden Luftstrom theilt, bei *Pelecanus*, *Phasianus*, *Ardea* und *Phoenicopterus*. Wie Cuvier schreibt er übrigens auch dem oberen Kehlkopf eine Rolle bei der Modification der Stimme zu und zwar dadurch, dass die beiden nach hinten gelegenen Knorpel sich einander nähern und so die Stimmritze verengern können. Dagegen sind die vorderen, von ihm der cartilago thyroidea der Säugethiere gleichgesetzten Knorpel keiner beträchtlichen Bewegung fähig.

Gleichzeitig beschreibt Humboldt auch Erweiterungen am unteren Kehlkopf, Trachea und oberen Kehlkopf bei verschiedenen Hühnervögeln, *Pelecanus* und *Palamedea*.

Sehr eingehend hat sich auch Savart mit dem Muskelapparate der Singvögel beschäftigt[27]). Ich werde bei den *Passeres* auf die Arbeit dieses Forschers zurückkommen müssen, und hebe hier nur so viel hervor, dass er die Bronchialhalbringe hohl und mit einer schwammigen Masse erfüllt fand,

---

[26]) Humboldt, A. v., Beobachtungen aus der Zoologie und vergleichenden Anatomie. Heft I. Tübingen 1806.
[27]) Savart, Notes sur la voix des oiseaux. In: Annales de chimie et de physique. T. XXXII. Paris 1826, übers. in Froriep's Notizen Bd. 16. 1826. pag. 1—10 und 20—25.

ohne jedoch zu ahnen, dass er es hier mit markhaltigen Knochen zu thun habe. An dem vorderen Ende des zweiten Halbringes wies er einen kleinen in der inneren Paukenhaut eingelagerten Knorpel nach, den er cartilago arytaenoidea benannte und dessen Wichtigkeit für die Modification der Töne er klar zu machen sucht. Von noch grösserer Wichtigkeit, besonders zur Erzeugung eines harmonischen Gesanges, erscheint Savart die von ihm entdeckte membrana semilunaris, welche sich als Verlängerung der inneren Paukenhäute über den Steg erhebt. Savart spricht auch zuerst von wirklichen Stimmbändern, von Gebilden, die er nicht für einfache Erhebungen der Schleimhaut hält, sondern aus einer besonderen Substanz bestehen lässt, welche der der Krystalllinse ähnlich sein soll. Solche Stimmbänder beschreibt er sowohl auf den Halbringen (äussere), als auch auf der membrana tympaniformis (innere). Sie kommen bei allen Vögeln mit fünf Muskelpaaren vor und ihre Entwickelung steht im geraden Verhältniss zu der der membrana semilunaris.

Im physiologischen Theil seiner Arbeit macht Savart auf den Einfluss der Wandungen der Trachea aufmerksam. „Je geringer ihr Widerstand, desto tiefer wird der Ton, indem sie durch die abwechselnde Verdichtung und Verdünnung der Luftsäule erschüttert, in Schwingung gerathen und auf die Luftschwingungen zurückwirken." „Wenn nun ein oder mehrere Körper (hier also Luftsäule und Luftröhre) einer durch den anderen in Schwingung gesetzt werden, so geben sie zusammen einen reinen Ton, so dass häufig derjenige, welchen sie zusammen hervorbringen, ganz verschieden von dem ist, welchen jeder für sich geben würde.

Eine Röhre, deren Wand an verschiedenen Punkten ihrer Länge bald biegsam, bald fest ist, würde bei unveränderter Länge und Dicke eine grosse Menge von Tönen geben können, deren Bereich von dem möglichen Grad von Starrheit und Biegsamkeit abhängen würde, den sie an den verschiedenen Punkten ihrer Länge annehmen könnte. Die Luftröhre der Vögel besteht aus knorpeligen Ringen, deren Zwischenräume durch äusserst dünne Membranen ausgefüllt sind, welche sich nach dem Willen des Thieres spannen oder erschlaffen. Diese Röhre scheint demnach den ausgesprochenen Bedingungen Genüge zu thun."

„Für die Wichtigkeit der membrana semilunaris spricht einmal ihr Vorkommen bei den besten Sängern und den Vögeln, welche sprechen lernen, ferner das Experiment. Befestigt man nämlich an der Mündung einer kleinen Röhre ein dünnes schmales Bändchen, z. B. aus Goldschlägerhaut, welches die Membran vertritt und treibt durch die Röhre einen Luftstrom, so erhält man einen im Verhältniss zur Länge und Stärke des Röhrchens sehr tiefen Ton. Die Stärke und Reinheit dieses Tones wird noch vermehrt, wenn man die Bifurcation nachahmt."

Eine kurze, allerdings ziemlich oberflächliche Zusammenstellung des bis dahin Entdeckten liefert Yarrell.[28]) Er unterscheidet vier Theile im Stimmorgan der Vögel: die Glottis oder den oberen Kehlkopf, die Trachea, den unteren Kehlkopf mit seinen Muskeln und die Bronchien. In Kürze geht er auf die Bedeutung ein, welche der obere Kehlkopf durch Verengern der Glottis, die Trachea durch ihre Länge und Weite hat und kommt dann zum unteren Kehlkopf, zu welchem die Bronchien als Träger der inneren Paukenhäute in innigster Beziehung stehen. In der Darstellung der Muskulatur finden sich vielfach Ungenauigkeiten. So schreibt er nicht blos den Singvögeln nur vier Muskelpaare zu, er spricht den Falken, Eulen und allen Stelzvögeln einen besonderen Kehlkopfmuskel ab.

In einer weiteren Arbeit beschreibt Yarrell die Windungen der Trachea von *Numida cristata*, *Grus virgo*, *Grus Stanleyanus*, *Cygnus atratus*, *Anas semipalmata*, sowie die Anschwellungen am unteren Kehlkopf und im Verlauf der Trachea von *Anas moschata*, *A. spectabilis*, *A. rufina* und *Mergus merganser*[29]). Eine dritte Abhandlung ist der Beschreibung des Stimmorgans von *Cygnus buccinator* gewidmet, das ebensowohl durch die Krümmung der Trachea, wie durch den eigenthümlichen Verlauf des Muskels merkwürdig ist[30]). Letzterer geht, ohne die Windung der Trachea mitzumachen, dort, wo der in das Sternum eindringende Trachealtheil sich mit dem aus demselben herauskommenden trifft, direct auf diesen über, um sich sodann am unteren Ende der Trachea zu inseriren. Einen ähnlichen Fall hat Yarrell in der zuerst erwähnten Arbeit auch vom Auerhahn beschrieben.

[28]) Yarrell, Will., On the organs of voice in birds. In: Trans. Linn. Soc. London 1833. Vol. 16. pag. 305—321. Uebers. in: Isis von Oken 1836. pag. 338—339.
[29]) Ders., Observations on the trachea of birds. Ibid. 1827. Vol. 15. pag. 378—391.
[30]) Ders., Descriptions of the organ of voice in a new species of wild swan. Ibid. 1834. Vol. 17. pag. 1.

Schliesslich hat derselbe noch in einer Arbeit, die sich in den Annals and magazine of natural history, Vol. IX. London 1842 befindet, über die Erweiterung des unteren Kehlkopfes von *Anser gambensis* geschrieben.

Der chronologischen Reihe nach würde jetzt die Arbeit von G. Rathke über die Entwickelung der Athemwerkzeuge bei den Vögeln und Säugethieren folgen [31]. Ich ziehe es jedoch vor, die Besprechung derselben auf den Abschnitt zu verschieben, der über dieses Thema handelt.

Ebenso begnüge ich mich damit, auf die Zusammenstellungen zu verweisen, welche Owen und Bishop in der Todd'schen Cyclopädie über den unteren Kehlkopf der Vögel im Allgemeinen [32] und Eyton, speciell über den der Anatiden in seiner systematischen Bearbeitung derselben giebt. [33]

Nächst Cuvier hat sich wohl Johannes Müller am eingehendsten mit dem Stimmorgan der Vögel beschäftigt. Eifriges Sammeln setzte ihn in den Stand viele exotische Vögel zu untersuchen und so z. B. den Beweis zu bringen, dass der grösseren Mehrzahl der Sperlingsvögel Amerika's ein melodischer Gesang unmöglich sei, weil ihnen der Singmuskelapparat am unteren Kehlkopf fehlt. [34] Diesen Entdeckungen hat man in der Systematik Rechnung getragen und die Vögel, welche Müller noch zu den Passerinen zählte, jetzt zum Theil bei den Macrochiren und Coccygomorphen untergebracht.

Auf den eigenthümlichen Bau des Stimmorgans von *Steatornis caripensis* gründete Joh. Müller eine neue Art von unteren Kehlköpfen, welche er als larynges inferiores bronchiales bezeichnete. [35] Einen solchen wies er auch später bei *Crotophaga major* nach.

Diesen Arbeiten voraus gingen seine Bemerkungen über den unteren Kehlkopf der Vögel in dem Handbuch der Physiologie. [36] Im anatomischen

---

[31] G. Rathke, Entwickelung der Athemwerkzeuge etc. In: Nova Acta Leop. Akad 1828.

[32] Owen, Rich., Art. Aves. In: Todd's Cyclopaedia of anatomy and physiology. Vol. I. London 1855.

Bishop, Art. Voice. Ibid. Vol. IV. part 2. London 1849—52.

[33] Eyton, A monograph of anatidae. London 1838.

[34] Müller, Joh., Ueber die typischen Verschiedenheiten der Stimmorgane der Passerinen. In: Abh. der Berliner Akad. 1845. pag. 321 u. 405.

[35] Ders., Anatomische Bemerkungen über *Steatornis caripensis*. In: Müller's Archiv 1842. pag. 7.

[36] Ders., Handbuch der Physiologie des Menschen. Coblenz 1837. Bd. 2. pag. 223.

Theil desselben bestätigt Müller die Angaben Cuvier's und Savart's, besonders in Hinsicht auf die von letzterem gefundenen Labien. Was die Muskulatur anbelangt, so beschreibt er das Auftreten von einem, drei und fünf Muskelpaaren.

Im physiologischen Theil dagegen geht er mit den genannten Forschern nicht Hand in Hand. Während diese in dem unteren Kehlkopf eine Labialpfeife zu sehen glauben, spricht Müller denselben als Zungenpfeife an. „Wenn Savart meint, dass stärkeres Blasen den Ton einer Zungenpfeife nicht merklich ändere, wie es beim Singvogel der Fall ist, so irrt er sich. Denn bei Mundstücken mit Zungen von Kautschuk lässt sich der Ton durch stärkeres Blasen um einige Töne erhöhen, bei Zungen von Arterienhaut und bei den Stimmbändern des menschlichen Kehlkopfes erstreckt sich diese Erhöhung auf alle in einer Quinte liegende Töne. Die Töne einer dünnen metallenen Zunge liessen sich um $1\frac{1}{2}$ Octaven erhöhen."

Der inneren Paukenhaut theilt Müller nicht die wichtige Rolle bei der Stimmbildung zu, wie Cuvier es that. „Allerdings", sagt er, „muss dieselbe auf den Ton Einfluss haben und es muss eine Accomodation zwischen dem inneren Labium der Glottis, der membrana semilunaris und der Paukenhaut stattfinden. Diese gleicht dem schwingenden Häutchen einer Pfeife von Schilfrohr."

Hatte man früher geglaubt, dass Erweiterungen der Trachea nur den Schwimmvögeln und einigen Hühnern zukommen, so wies Tschudi nach, dass eine solche auch bei einem Vogel aus der zu den Passeres gestellten Gruppe der Cotingiden vorkomme, nämlich bei *Cephalopterus ornatus*[37]). Dicht unter dem oberen Kehlkopf erweitert sich bei diesem die Trachea plötzlich zu einer stark plattgedrückten Trommel, verengert sich dann aber eben so schnell wieder, um schliesslich im unteren Kehlkopf eine zweite Anschwellung zu bilden. Jene sonderbare Bildung, meint Tschudi, wird wohl die weittönende, brüllende Stimme dieses Vogels bedingen, von der alle Reisenden erzählen.

Bei der Untersuchung der Luftsäcke der Vögel kommt Sappey auch auf die Stimme derselben zu sprechen[38]). Er findet an derselben drei sie

---

[37]) Tschudi, Vergl. anatomische Beobachtungen. In: Müller's Archiv 1843. pag. 473.
[38]) Sappey, Ph. E., Recherches sur l'appareil respiratoire des oiseaux. Paris 1847.

auszeichnende Charaktere, den Umfang, die Intensität und die lange und anhaltende Dauer der Töne. Alle drei Momente stehen unter dem directen Einfluss der Luftsäcke, in die man nur Luft einzutreiben braucht, um die Stimme ertönen zu lassen. Der Umfang der Stimme hat allerdings in erster Linie eine Beziehung zu der Spannung der Stimmbänder und zur Zahl der Schwingungen, welche diese in einer gewissen Zeit ausführen. Stossen nun die diaphragmatischen Reservoire die Luft aus, so wird die Zahl der Schwingungen vermehrt und der Ton wird erhöht, wenn die Luft schneller hindurchströmt.

Der Vollständigkeit wegen will ich noch eine Reihe von Abhandlungen nennen, welche sich auf bestimmte Familien oder auf einzelne Vögel beziehen und die zum Theil auch in dem speciellen anatomischen Theil meiner Arbeit Berücksichtigung finden werden.

So hat Herre über den unteren Kehlkopf der Sperlingsvögel geschrieben[39]), welchen er übrigens ausser den eigentlichen *Oscines* noch die *Picariae*, *Clamatores* und *Scansores* als *Aves passerina anomalae* zuzählt.

Von Wood-Mason stammt eine Arbeit über die Trachea von *Rhynchaea*[40]). Barkow hat Bemerkungen geliefert über die Stimmwerkzeuge der *Grallae*, *Scansores*, *Gallinaceae*, *Palmipedes*, *Cygnus*, *Grus*, aber so ungenügende und unverständliche Abbildungen hinzugefügt, dass seine Angaben, die sich grösstentheils nur in Massangaben bewegen, oft kaum zu enträthseln sind[41]). Ebenso handelt Garrod über anatomische Charaktere der Bifurcation bei Passerinen[42]) und über die Trachea von *Tantalus* und *Vanellus*[43]). Auch hat er begonnen, das Stimmorgan der Vögel systematisch zu bearbeiten, aber bloss die Hühnervögel berücksichtigt, da er durch den Tod an der vollständigen Ausführung

---

[39]) Herre, Leop. Rich., Diss. inaug. de avium passerinarum larynge bronchiali. Gryphiae 1859.

[40]) Wood-Mason, On the structure and development of the trachea in the Indian painted Snipe. In: Proc. Zool. Soc. London 1878. IV. pag. 745.

[41]) Barkow, H. C. L., Bemerkungen aus dem Gebiete der vergl. Anatomie, Physiologie und Zoologie. Abth. 1. Breslau 1871.

[42]) Garrod, A. O. H., On some anatomical caracters which bear upon the major divisions of the Passerine birds. In: Proc. Zool. Soc. London 1876. pag. 506.

[43]) Ders., On the trachea of *Tantalus loculator* and of *Vanellus cayennensis*. ibid. 1878. pag. 625.

seines Planes gehindert ward[44]). Seine Arbeit wurde indessen von Forbes weitergeführt, als dieser den unteren Kehlkopf der Strausse beschrieb.[45]) Doch ich will die Aufzählung nicht zu weit ausdehnen, denn eigentlich müsste ich alle Monographien über Vögelgruppen, jede Beschreibung einer neuen Vogelart nennen, da fast jede etwas über das Stimmorgan enthält. Dafür aber mag hier zum Schluss noch der Handbücher gedacht sein, welche eine mehr oder minder vollständige Darstellung und Abbildungen des Stimmorgans der Vögel liefern. Da erwähne ich zuerst die Anatomie und Naturgeschichte der Vögel von Tiedemann, der darin im allgemeinen Cuvier folgt[46]). Temminck bringt verschiedene Abbildungen vom unteren Kehlkopf und der Trachea der Hühner.[47]) In dem berühmten Naumann'schen Werke hat Nitzsch die Eigenthümlichkeiten kurz beschrieben, welche den deutschen Vogelfamilien in Bezug auf ihren unteren Kehlkopf zukommen[48]). Weitere eingehende Darstellungen finden sich bei Blumenbach[49]) und bei Meckel, dessen vergleichende Anatomie auch für unsere Zeit eine wahre Goldgrube ist[50]). Ferner bei R. Wagner[51]), Stannius[52]) und Milne-Edwards[53]).

[44]) Garrod, A. O. H., On the conformation of the thoracic extremity of the trachea in the class Aves. P. I. The Gallinae. In: ibid. 1879. pag. 350.
[45]) Forbes, W. A., On the conformation of the thoracic end of the trachea in the ratite birds. In: ibid. 1881. pag. 778.
[46]) Tiedemann, Anatomie u. Naturgeschichte der Vögel. Heidelberg 1810.
[47]) Temminck, Histoire naturelle générale des pigéons et gallinacées. 2 vol. Amsterdam 1813 u. 15.
[48]) Naumann, Naturgeschichte der Vögel Deutschlands. Leipzig 1822.
[49]) Blumenbach, Vergleichende Anatomie. 1824. Bd. III.
[50]) Meckel, System der vergleichenden Anatomie. Halle 1833. Bd. 6.
[51]) Wagner, R., Lehrbuch der vergl. Anatomie. Leipzig 1834—35.
[52]) Siebold-Stannius, Lehrbuch der vergl. Anatomie der Wirbelthiere. Berlin 1846.
[53]) Milne-Edwards, Leçons sur la physiologie et l'anatomie comparée. Tom. XII. Paris 1876.

## Anatomisches.

Die sonderbare Umformung an der Theilung der Luftröhre nannte schon Aldrovandie, ohne ihre Bedeutung zu kennen, Larynx. Als man später fand, dass in diesem Organ die Stimme der Vögel sich bilde, behielt man, der Analogie mit den Säugethieren wegen, diesen Namen bei, nannte diesen Kehlkopf aber, zum Unterschied von dem nur sehr gering entwickelten eigentlichen, Larynx inferior oder, nach Huxley's Vorschlag, Syrinx.

Morphologisch ist dieser untere Kehlkopf in seiner Lage nicht genau zu bestimmen. Ringe der Trachea und der Bronchien oder dieser allein bilden ihn und es hängt ganz von der individuellen Auffassung ab, deren mehr oder weniger dem unteren Kehlkopf zuzuzählen. Auch erschweren zahlreiche Differenzen, die nur im Alter der Vögel ihren Grund haben, genaue Bestimmungen.

Wir unterscheiden also einen Larynx inferior bronchotrachealis und einen Larynx inferior bronchialis. Joh. Müller nahm noch eine dritte Art, den Larynx inferior trachealis an, welchen er den Gattungen *Thamnophilus*, *Myothera*, *Dendrocolaptes* etc. zuschrieb. Doch kann ich diese Art nicht anerkennen, denn ein wesentlicher Theil des Larynx ist auch hier die innere Paukenhaut, und diese kann doch nur als Theil der Bronchien aufgefasst werden. Das Fehlen des Steges ist meiner Meinung nach kein genügendes Criterium. Wollte man die Gruppe der Trachealkehlköpfe aufrecht erhalten, so müssten auch die Tauben hierhin gezählt werden und mit grösstem Rechte auch der Storch, da hier die innere Paukenhaut ganz in Wegfall gekommen ist.

Der Larynx inferior bronchialis, der nur von umgeformten Ringen der Bronchien gebildet wird, wurde von Joh. Müller zuerst bei *Steatornis caripensis* nachgewiesen, später auch bei *Crotophaga major*. Meiner Meinung nach gehört auch das unten beschriebene Stimmorgan von *Asio brachyotus* hierhin, denn den festen Steg kann man nicht als wesentlich für den Larynx ansehen.

Fehlt er doch allen Papageien und selbst unter den Singvögeln den Lerchen. Auch *Spheniscus* kann man hierhin rechnen, je nachdem man das luftzuführende Doppelrohr als Trachea oder als Verwachsungsproduct zweier Bronchien auffasst.

Meistens nehmen Trachea und Bronchien an der Bildung des Larynx theil. Die letzten Trachealringe weichen etwas von den nach oben folgenden ab, sie greifen an den Seiten nicht mehr mit ihren Rändern übereinander, sind im allgemeinen schmaler und springen zuweilen über das Niveau der Trachea vor. Vielfach treten Membranen zwischen ihnen auf, noch häufiger aber verschmelzen sie zu einer Trommel und bilden dann gemeinsam den von vorn nach hinten verlaufenden Balken, ein Gebilde, das übrigens in vielen Fällen dem letzten Ringe allein angehört. Dieser Balken, auch Steg, Brücke, Riegel, Septum genannt, bestimmt das Ende der Trachea. Alle Ringe, die an seiner Bildung Theil nehmen, zählen noch zu dieser. Er theilt das Lumen der Trachea in zwei Oeffnungen, an die sich dann rechts und links die Bronchien ansetzen. An der Trommel können noch Ausbuchtungen, Pauken oder Labyrinth genannt, sich befinden, die gewöhnlich links, zuweilen auch an beiden Seiten auftreten und hauptsächlich den Anatiden zukommen.

Die Skelettstücke der Bronchien sind mehr oder weniger flache Halbringe. Der Schluss derselben wird innen an der Seite, wo sich die Bronchien einander gegenüberliegen, durch eine dünne Membran, die membranae tympaniformes internae bewirkt. Dieselben setzen sich über den Steg fort, wo sie sich oft zu einer halbmondförmigen Falte, membrana semilunaris, erheben. Fehlt der Steg, so trennen sie durch ihre Vereinigung die untere Oeffnung der Trachea in zwei neben einander liegende Räume. Vorn sitzt die Vereinigungslinie an dem unteren Rande des letzten Trachealringes. Hinten kann dies auch der Fall sein, gewöhnlich sind aber hier die letzten Ringe nicht geschlossen und die innere Paukenhaut muss dann deren Schluss besorgen, so dass sie ihren Anknüpfungspunkt erst an einem der höher gelegenen Ringe findet.

Die inneren Paukenhäute der beiden Bronchien sind durch ein Band elastischer Fasern verbunden, das man als ligamentum interbronchiale sublaryngeum transversum superius und inferius bezeichnet hat. Garrod hat ihm den Namen Bronchidesmus beigelegt und ich werde denselben in der Folge dafür anwenden.

Zuweilen trägt die innere Paukenhaut schwache Falten des Epithels, doch können diese kaum als Stimmbänder functioniren. Ein solches wird erst durch Faltung der ganzen inneren Paukenhaut gebildet.

Allen Vögeln, welche eine wahre Stimme haben und oft sogar solchen, die stumm sind, kommt ein mehr oder weniger entwickeltes, den inneren Paukenhäuten gegenüberliegendes, äusseres Stimmband zu. Dasselbe wird entweder gebildet durch Verdickung des Bindegewebes auf einem Bronchialhalbring oder durch Faltung der Membranen, welche entweder zwischen den letzten Trachealringen oder dem letzten derselben und dem ersten Bronchialhalbringe oder zwischen zwei beliebigen Halbringen des Bronchus liegen.

Zur Spannung oder Erschlaffung dieser Stimmbänder haben viele Vögel nur die Muskeln der Trachea: musculi sternotracheales und musculi ypsilotracheales. Jene fehlen nur den Papageien, diese kommen anscheinend nur den Entenvögeln zu. Die Mehrzahl der Vögel besitzt aber ausser diesen Sternotrachealmuskeln noch besondere Kehlkopfmuskeln, die in ihrer Zahl zwischen einem und sieben Paaren schwanken. Ein Auftreten von zwei oder vier Paar solcher Muskeln ist indessen nicht bekannt und auch die Sechszahl scheint nicht vorzukommen. Dieselben kommen an der Trachea herab oder entspringen erst dicht am unteren Ende derselben. Ihre untere Insertion finden sie an einem der untersten Trachealringe, oder einem Bronchialhalbring oder an der Membran, welche das Stimmband vertritt.

Ueber das Gewebe der Trachealringe und Bronchialhalbringe werde ich im speciellen anatomischen und entwickelungsgeschichtlichen Theile sprechen, da hier grosse Verschiedenheiten herrschen, die im letzten Theile die besten Anknüpfungspunkte finden.

Was die Benennung der Trachealringe anbelangt, so zähle ich von unten nach dem oberen Kehlkopf zu, so dass ich den untersten Ring entweder als solchen oder aber als ersten bezeichne. Die Bronchialhalbringe zähle ich vom Ende der Trachea nach den Lungen zu.

In der Systematik folgte ich theils Reichenow (Vögel der zoologischen Gärten. 1), theils hielt ich mich an die von Herrn Dr. Marshall in seinem Colleg über Ornithologie gegebene Gruppirung.

## 1. Struthionidae.

Meckel sagt von den Mitgliedern dieser Familie, dass sie keinen unteren Kehlkopf und keinen besonderen Muskel am unteren Ende der Trachea haben. Später änderte sich indess diese Ansicht und Forbes hat die Umformung des thoracalen Endes der Trachea monographisch bearbeitet.

Ich verglich die Spaltung der Trachea von *Casuarius galeatus*, *Struthio camelus* und *Rhea americana* mit den von Forbes gegebenen Abbildungen und Beschreibungen und fand mancherlei Abweichungen, welche ein nochmaliges Eingehen wohl berechtigen.

Die Scheidung zwischen *Casuarius* und *Struthio* einerseits und *Rhea* anderseits ist wohl begründet. Der Steg und der Kehlkopfmuskel, welchen diese besitzt, scheidet sie wohl von den beiden anderen. Es sind Merkmale, welche mit darauf hinweisen, dass wir es hier mit keiner natürlichen Verwandtschaft zu thun haben, sondern die betreffenden Thiere als eine künstliche Gruppe rückgebildeter Formen ansehen müssen, die sich durch Verbindungsglieder, die bis jetzt freilich noch nicht gefunden sind, mehreren anderen Familien anschliessen dürften.

Betrachten wir — und die Bildung des unteren Kehlkopfes berechtigt uns dazu — *Rhea* als über *Casuarius* und *Struthio* stehend, so können wir diesen wieder über jenen stellen. Denn wenn auch bei *Casuarius* die äussere Form des Kehlkopfes ausgeprägter ist, so übertrifft ihn *Struthio* doch in der Ausbildung des Stimmbandes. Wie weit, werden wir bei der speciellen Beschreibung ersehen.

Der untere Kehlkopf von *Casuarius galeatus* stammte von einem jungen Weibchen. Die Trachea war dicht über der Spaltungsstelle nur sehr wenig angeschwollen. Erst die Bronchien fallen durch ein starkes seitliches Vorspringen der Ringe auf.

Von den Trachealringen, welche nach unten zu schmaler werden, sind die letzten, fünf an der Zahl, auf der vorderen Seite nach den Bronchien zu stärker gekrümmt, und, da die Krümmung von unten nach oben abnimmt, in der Mitte breiter als an den Seiten. Hinten sind die untersten 14 Trachealringe nicht geschlossen. Sie sind an den einander gegenüberstehenden Enden zugespitzt und weichen von oben nach unten mehr und mehr auseinander.

Es bildet sich dadurch eine Furche, welche sich jedoch über die ganze hintere Mittellinie der Trachea hinzieht.

Der Beginn der Bronchien macht sich, besonders auf der hinteren Seite des unteren Kehlkopfes, durch ein plötzliches Breiterwerden der Ringe kenntlich. Besonders der zweite Halbring ist es, welcher sich durch seine enorme Breite auszeichnet. Er ist es ferner, der die gerade Linie, welche wir vom letzten Trachealringe zum letzten Bronchialringe ziehen können, verlässt und den schon oben erwähnten Vorsprung bildet. Die Bronchien zeigen deutliche Membranen zwischen ihren Ringen, während solche bei der Trachea kaum zu bemerken sind.

Ein Steg fehlt. Die membranae tympaniformes internae heften sich vorn an den nach unten spitz auslaufenden ersten Trachealring und gehen hinten in die Membran über, welche die untersten Trachealringe schliesst. Im oberen Theil der Bronchien ist die Paukenhaut breit und füllt die ganze Innenseite aus. Nach den Lungen zu wird sie allmälig schmaler und füllt schliesslich nur $\frac{1}{4}$ des Kreises.

Die membrana semilunaris fehlt vollständig, die Paukenhaut des einen Bronchus geht ohne eine Verdickung oder Faltung in die des anderen über.

Der musculus sternotrachealis verlässt die Trachea am 14. Ring. Er kommt an der Luftröhre herab und bedeckt bis zu seinem Abgang die ganze Vorderfläche derselben. Hinten lässt er nur die Furche frei zu Tage treten.

Das Stimmband des Kasuars hebt sich unter gewöhnlichen Verhältnissen nicht über das Niveau des Epithels. Es stellt einfach eine Ausfüllung des Raumes dar, der durch das Vorspringen des zweiten Bronchialhalbringes entstanden ist. Die bindegewebigen Weichtheile sind an dieser Stelle stark verdickt, so dass das Epithel sich ohne Flächenabweichung durch die Trachea über die ausspringende Stelle der Bronchien in diese hinein fortsetzt. Die Bindegewebsfasern verlaufen grösstentheils in der Längsaxe der Trachea und führen zahlreiche Blutgefässe. Dieselben verzweigen sich unter dem Epithel so stark, dass man hier fast an die Möglichkeit eines Gasanstausches denken könnte. Die Fähigkeit zu schwingen kommt diesem rudimentären Stimmbande nicht zu, denn es würde sich auch durch Contraction der Sternotrachealmuskeln nur wenig nach innen falten können.

*Struthio camelus.* Auch hier war es ein junges Weibchen, welches den untersuchten Larynx geliefert hatte.

Die Trachea läuft gerade bis zum dritten Ring. Darauf beginnt eine sanfte Ausschweifung, die am ersten Bronchialhalbring ihren Höhepunkt erreicht. Die breiten Ringe der Trachea liegen dicht aneinander, so dass man von membranösen Theilen zwischen ihnen im gewöhnlichen Zustande nichts gewahrt; vom vierten Ringe an beginnt auf der Vorderseite sich ein Convexwerden der Ringe nach der Spaltung zu bemerkbar zu machen, welches bis zur Bildung medianer Spitzen hinführt. Die des ersten Trachealringes füllt schliesslich den Raum zwischen den vorderen Enden der ersten Halbringe aus. Hinten sind die drei untersten Trachealringe nicht geschlossen, während dies bei Forbes' Exemplar nur bei zweien der Fall war.

Sind schon die drei untersten Trachealringe im Vergleich zu den nach oben folgenden schmaler geworden, so ist diese Verschmälerung noch stärker bei den Bronchialhalbringen. Dieselben, von cylindrischem Querschnitt, sind durch breite Membranen von einander getrennt. Nur der erste Halbring legt sich vorn dicht an den untersten Trachealring.

Ein fester Steg fehlt und die vereinigten inneren Paukenhäute müssen ohne diese Stütze den Innenraum des untersten Trachealringes durchsetzen. Vorn inseriren sie sich an die nach unten gerichtete Spitze des ersten Trachealringes, hinten gehen sie in die Membran über, welche die Enden der drei untersten Trachealringe verbindet. Die Skelettstücke der Bronchien sind durchweg nur Halbringe, so dass die Paukenhaut die ganze innere Fläche der Bronchien bis zu den Lungen auszufüllen hat. Dort, wo die Membranen der beiden Bronchien den Steg ersetzend sich vereinigen, erheben sie sich zu einer gering entwickelten halbmondförmigen Falte. · Die *Musculi sternotracheales* kommen in den Seitenlinien der Trachea herab und gehen in der Gegend des 22. bis 24. Ringes zu dem Sternum ab.

Zu erwähnen ist noch das Stimmband, welches, beim Kasuar nur angedeutet, hier zu einer stärkeren Entfaltung gelangt, wenn es auch keine functionelle Bedeutung hat. Es beginnt vorn und hinten über jener Stelle, wo sich die Paukenhaut an die Trachea setzt, und verbreitert sich, nach und nach dicker werdend, in den Seitenlinien über die drei untersten Trachealringe und die beiden obersten Bronchialhalbringe. Bei makroskopischer Betrachtung scheint es aus zwei Lagen zu bestehen, die sich bei näherer Untersuchung als stark gewuchertes Bindegewebe erweisen, welches von einer Schicht Bindegewebsfasern, die anscheinend mit elastischen gemischt sind und vom dritten Trachealring zum dritten Bronchialhalbring verlaufen, durchsetzt und so in eine innere und äussere Lage geschieden ist.

Blutgefässe treten in diesem Stimmband in noch grösserer Zahl als beim Kasuar auf und lösen sich unter dem Epithel in noch zahlreichere Capillaren auf, als es dort der Fall war.

Dieses Stimmband tritt über das Niveau des Trachealepithels hervor und kann durch Contraction des Sternotrachealmuskels eine Verengerung der Glottis bewirken.

Wenn man den unteren Kehlkopf von *Rhea americana* betrachtet, so wird man lebhaft an die Hühnervögel erinnert. Bei beiden haben wir das grosse äussere Fenster, welches sich vom ersten Trachealring zum ersten Bronchialhalbring und von hier zum zweiten ausbreitet. In anderer Hinsicht aber ist der Kehlkopfmuskel des Nandu so abweichend gebaut, dass wir ihn keinem anderen in der Vogelreihe an die Seite stellen können.

Die breiten Trachealringe beginnen vom vierten ab sich nach unten zu wölben, vorn stärker als hinten. Der zweite Ring hat vorn einen so starken unteren Vorsprung, dass der erste dadurch tief hinabgedrückt wird, so dass er nach hinten in die Höhe steigen muss. Dabei ist derselbe sehr schmal, nur vorn wird er breiter, so dass er dem beweglichen ersten Bronchialhalbring eine breite Ansatzfläche liefert. Auf der hinteren Seite der Trachea ist die eigenthümliche Form des verwachsenen ersten und zweiten Ringes zu beachten. Der erste ist nicht geschlossen, seine Enden stehen vielmehr weit von einander entfernt und der zweite ist nur in seiner oberen Hälfte geschlossen. Die Grenze beider Ringe verschwindet erst dicht an den von einander abstehenden Enden. Die hintere Fläche der Trachea trägt eine seichte Furche, indessen rührt diese nur von einer Verdünnung der Ringe her. Geschlossen sind sie stets.

Auf den untersten Trachealring folgt der erste Bronchialhalbring. Vorn treffen sich beide nur in der Mittellinie der Trachea, in der erwähnten Articulationsfläche, hinten aber schmiegen sie sich auf einer grösseren Strecke eng aneinander. Man sieht deshalb nur von vorn das breite häutige Fenster, die Membrana tympaniformis externa. Zwischen dem ersten und zweiten Halbring haben wir ebenfalls eine Membran, welche sich im Gegensatz zu der eben genannten um den ganzen Bronchus herum fortsetzt. Die darauf folgenden Halbringe liegen geschlossen aneinander. Was die Grösse anbetrifft, so sind die ersten Bronchialhalbringe bedeutend schmaler als die der Trachea. Nach den Lungen zu werden sie breiter.

Im Gegensatz zu den beiden oben beschriebenen Struthioniden besitzt der Nandu einen festen knorpeligen Steg. Vorn an den untersten Trachealring sich ansetzend, steigt er nach hinten und findet hier in der geschlossenen oberen Hälfte des zweiten Ringes seine Insertion. Auf ihm erhebt sich als Fortsetzung der beiden inneren Paukenhäute eine schwach entwickelte Membrana semilunaris. Zur oberen Insertion dienen jenen ausser dem Stege die hinten ungeschlossenen Enden der beiden verwachsenen unteren Trachealringe, vorn die vorderen Extremitäten der ersten Bronchialhalbringe. Die grösste Breite zeigen diese Membranen zwischen den dritten Halbringen, doch bleiben sie bis zu den Lungen noch relativ breit.

Die Musculi sternotracheales beschränken sich auf die Bedeckung der Seiten. In der Gegend des 14. bis 15. Ringes verlassen sie die Trachea.

Zu diesem Muskel gesellt sich noch ein zweiter specieller Kehlkopfmuskel, der anscheinend unter den Struthioniden dem Genus *Rhea* eigenthümlich ist. Dieser Musculus bronchotrachealis entspringt bei dem von mir untersuchten Exemplare am 6. Trachealring, nicht am 9., wie Forbes angiebt. Er wendet sich nach vorn und bedeckt beinahe die ganze Vorderfläche des unteren Larynx, so dass die äusseren Paukenhäute vollständig unsichtbar werden. Seine untere Insertion findet er auf der Membran zwischen dem dritten und vierten Bronchialhalbring, nachdem er vorher zahlreiche Fasern an die ersten drei Halbringe, ihre Zwischenmembranen und die äussere Paukenhaut abgegeben hat. Auch die Membrana tympaniformis interna steht unter dem Einflusse seiner Contractionen, denn die Membran unter dem ersten Halbring und die vor dem zweiten und dritten, welche sämmtlich als Fortsetzungen der inneren Paukenhäute anzusehen sind, dienen einer ansehnlichen Partie des Muskels als untere Insertion.

Besassen *Casuarius* und *Struthio* ein besonderes Stimmband, so ist dies bei *Rhea* unnöthig geworden. Die äussere Paukenhaut versieht hier dessen

Stelle. Bei erschlafftem Kehlkopfmuskel bedeckt dieselbe den Raum zwischen unterstem Trachealringe und oberstem Bronchialhalbringe in einer geraden Ebene. Contrahirt sich der Muskel aber, so werden die obersten Halbringe gehoben und die äussere Paukenhaut springt weit in das Innere des unteren Kehlkopfes vor, so ein leicht schwingendes Labium bildend.

## 2. Spheniscidae.

In der Sammlung des Leipziger zoologischen Museums befanden sich die Respirationsorgane von *Sp. Humboldtii.*

Die Trachea ist kurz und dick, ihr Querschnitt ist eine Ellipse, deren längste Axe von links nach rechts verläuft. Auf der Vorder- und Rückseite erkennt man in der ganzen Länge der medianen Linie eine flache Furche, die wir gleich als Ansatzlinie des Steges kennen lernen werden.

Die Ringe der Trachea zeigen vorn und hinten an den Rändern kleine Ausschnitte, wie sie schon Cuvier bei vielen Vögeln nachwies. Hierdurch ist es ermöglicht, dass jeder Ring auf der einen Seite von den beiden anliegenden fast verdeckt wird, auf der anderen Seite aber diese seinerseits bedeckt.

Eigenthümlich ist die Bildung des Steges, die von G. Jäger zuerst bei *Aptenodytes demersa* beschrieben wurde, und bei dem von mir untersuchten *Spheniscus* fast in gleicher Weise wiederkehrt [54]). Nicht nur der unterste oder die untersten Ringe der Trachea bilden den Steg, sondern sämmtliche, die oberen sechs ausgenommen. In den oben erwähnten Furchen erheben sich die Trachealringe nach innen, ohne dass jedoch die äussere Wand unterbrochen wird, und bilden so einen Steg, dessen Segmente den Ringen der Trachea entsprechen. Wie diese, so stehen auch die Platten des Steges alternirend übereinander. Das obere Ende des Steges liegt unmittelbar unter dem oberen Kehlkopf, es ist ausgeschweift und wird von zwei verwachsenen Stücken gebildet. Der ganze Steg ist ebenso wie die Trachea und die Bronchien durchweg knorpelig. Ein oberes häutiges Stück, wie es Jäger von *A. demersa* beschreibt, konnte ich, übereinstimmend mit Meckel, nicht finden. Auch fehlt, entgegen den Angaben von Jäger und Meckel, jede Spur einer Verknöcherung.

---

[54]) Jäger. G., Theilung der Luftröhre durch eine Scheidewand bei der Fettgans in: Archiv für Anatomie und Physiologie 1832, pag. 48—54.

Betrachten wir diese durch den Steg geschiedene Trachea als das Product der verwachsenen Bronchien und vergleichen damit die sich unten ansetzenden zwei isolirten Aeste, so finden wir, dass diese relativ sehr kurz sind und sich zur Länge der ersteren ungefähr wie $1:8$ verhalten. Ihre Ringe sind nicht geschlossen, sondern werden durch eine innere Paukenhaut vervollständigt, die bis zu den Lungen geht. Zwischen dem untersten Trachealring und dem ersten Bronchialhalbring ist auch eine äussere Paukenhaut vorhanden, wie denn auch zwischen den übrigen Bronchialhalbringen deutliche Membranen eingeschaltet sind.

Der inneren Paukenhaut gegenüber dient die Membrana tympaniformis externa als äusseres Labium, welches durch zwei Muskelpaare mehr oder weniger gespannt werden kann. Einmal durch die Musculi sternotracheales, welche in der Gegend des 24. Trachealringes abgehen und die Trachea herabziehen, ferner durch einen besonderen Musculus bronchotrachealis, den auch Meckel erwähnt, Jäger aber nicht gesehen hat. Derselbe entspringt am oberen Kehlkopf, läuft im Hintergrunde, der Wirbelsäule genähert, an der Trachea herab und findet, sich am unteren Ende etwas nach vorn wendend, am ersten Bronchialhalbring seine Anheftung. Dieser letztere articulirt mit seinem vorderen und hinteren Ende am letzten Trachealring; von den Enden des folgenden Bronchialhalbringes trennt ihn die membranöse Partie, welche als Fortsetzung der inneren Paukenhaut anzusehen ist.

Die mikroskopische Untersuchung des Steges ergab folgendes: Die Skelettstücke werden nur von hyalinem Knorpel gebildet und sind im Querschnitt lang elliptisch. In der Mitte sieht man grosse Nester mit runden oder ovalen Zellen. Nach der Peripherie zu werden die Zellen flacher und die Schnäbel, welche an der längeren Axe liegen und den oberen und unteren Rand der Segmente repräsentiren, bestehen nur aus spindelförmigen Zellen, die allmälig in das Perichondrium übergehen. Die Knorpel sind von Bindegewebsfasern umgeben, welche sich besonders zwischen den nebeneinanderliegenden Rändern zu stärkeren Bündeln vereinigen und jene verbinden. Zahlreiche Blutgefässe ernähren dieselben. Darauf folgt nach aussen die Epithelialbekleidung der Bronchien. Diese ist mehrschichtig, die äusserste Zellenlage ist cylinderförmig und trägt Flimmerhaare. Auch finden sich im Epithel vereinzelte einfache Drüsen, die durch Einstülpung desselben entstanden sind.

30 L. Wunderlich.

Wenn wir die Trachea als Zwillingsbildung zweier Bronchien auffassen, so können wir dem *Spheniscus* einen Larynx bronchialis zusprechen. Die eigentliche Trachea ist dann nur sehr kurz, und wir haben es mit einer Form zu thun, die ontogenetisch dem embryonalen Stadium auf einer gewissen Entwickelungsstufe, phylogenetisch unter den Reptilien den Schildkröten sehr nahe steht. In beiden Fällen haben wir eine sehr kurze Trachea, die weit hinter der Länge der Bronchien zurückbleibt. Erst auf einer bestimmten Altersstufe des Embryo's werden diese von jener an Länge übertroffen. Die dem späteren Steg entsprechende mediane Falte erhebt sich anfangs weit in die Trachea hinein und erst allmälig, mit der entschiedeneren Ausbildung der Trachea und der Bronchien wird sie mehr und mehr reducirt.

Wird bei den Schildkröten die Kürze der Trachea durch die Kürze des Halses bedingt, so ist auf der Seite des *Spheniscus* die relative Länge des Halses wieder ein Grund zum Verwachsen der Bronchien, während die eigentliche Trachea noch die charakteristische Kürze zeigt, wie sie den Schildkröten zukommt.

## 3. Colymbidae.

Von dieser Familie untersuchte ich die unteren Kehlköpfe von *Colymbus glacialis* und *Podiceps minor*. Beide sind charakterisirt durch eine Trommel, an deren Bildung sich, wie Meckel richtig angiebt, die drei untersten Trachealringe betheiligen. Dieselben sind vorn gänzlich geschlossen, bei *Podiceps* flach, bei *Colymbus* mit einer Crista versehen. Hier inserirt der Steg, welcher nach hinten emporsteigt und dort mit breiter Basis seine Insertion am oberen Rande der Trommel findet. Der darunter liegende Theil derselben ist nicht geschlossen, sondern seine Enden stehen auseinander und dienen der inneren Paukenhaut zur Anheftung. Die Trachealringe, welche bis zur Trommel herab an den Seiten abwechselnd in ihrer ganzen Breite zu sehen sind oder von den angrenzenden zum Theil verdeckt werden, sind knöchern, die Bronchialhalbringe dagegen knorpelig. Der erste derselben liegt der Trommel dicht an, er ist nach oben convex und seine Enden springen, da sein Kreisbogen flacher ist, als der der Trommel, nach vorn etwas vor. Er übertrifft die folgenden Halbringe bedeutend an Stärke. Mit dem zweiten articulirt er vorn und hinten, ebenso dieser mit dem dritten. Zwischen diesen Articulationen finden sich breite häutige Fenster, und es hat beinahe den Anschein, als ob unter dem sehr gewölbten zweiten Halbringe eine continuirlich zwischen dem ersten und dritten Halbring ausgespannte Membran gelegen sei. Die folgenden Halbringe haben Membranen zwischen sich, die nach den Lungen zu immer schmaler werden, indem gleichzeitig die Skelettstücke an Breite zunehmen.

Der Kehlkopfmuskel kommt an der Trachea herab und setzt sich an den ersten Bronchialhalbring. Seine Function besteht darin, eine Erschlaffung der durch die äusseren Paukenhäute gebildeten Stimmbänder zu bewirken, indem er den ersten Halbring in die Höhe zieht. Als Antagonist dient ihm der Musculus sternotrachealis, der durch Herabziehen der Trachea ein Vorspringen der äusseren und inneren Paukenhäute in das Lumen der Bronchien und mit der Vergrösserung des Winkels der Halbringe eine Spannung der letzteren bewirkt.

Während dieser Muskel bei *Colymbus* mit dem Musculus bronchotrachealis an der Trachea herabläuft und in der Gegend des 14. Ringes oberhalb der Trommel zum Brustbein abgeht, kommt bei *Podiceps* nur der letztere an der Luftröhre herab. Der erstere entspringt am 9. Ringe oberhalb der Trommel auf der Trachea und geht von hier direct nach dem Sternum ab.

Die innere Paukenhaut läuft bei *Podiceps* nach den Lungen spitz zu. Bei *Colymbus* hat sie schon am 10. Halbring die geringste Breite erreicht. Von hier läuft sie als schmales Band mit parallelen Grenzen bis zu den Lungen. In der Gegend des 7. Halbringes werden die beiden Paukenhäute durch jenes von Garrod als Bronchidesmus bezeichnete elastische Band verbunden.

## 4. Graculidae.

Nur eine Art, *Graculus carbo*, war meiner Untersuchung zugänglich.

Die Trachea läuft, wie schon Cuvier angiebt, nach unten conisch zu und ist in ihrem Querschnitt kreisrund. Ihre Ringe sind knorpelig, jedoch stark verkalkt, so dass sie eine bedeutende Festigkeit besitzen. An den Seiten alterniren die Ringe auf dieselbe Weise, wie bei *Spheniscus* und *Colymbus*, so dass die Trachea, von vorn und hinten gesehen, aus Ringen zusammengesetzt erscheint, welche an der einen Seite schmaler sind als an der anderen und deren schmale Seiten abwechselnd links oder rechts liegen. Dieses Ineinanderschieben der in Wirklichkeit auf beiden Seiten gleich breiten Ringe wird dadurch ermöglicht, dass sie in der Mitte schmaler sind, aber keine plötzlichen Einschnitte zeigen.

Die beiden untersten Trachealringe springen nach beiden Seiten stark vor. Nach oben sind sie convex und decken dadurch zum Theil die nach oben folgenden sechs Ringe, welche sich durch geringere Breite von den weiter nach oben folgenden unterscheiden.

Ueber die vorspringenden Trachealringe hinweg geht der Musculus bronchotrachealis, welcher den ersten Bronchialhalbring, der sonst nur mit seinen Enden an der Trachea articulirt, dicht an diese heranzieht und den Glauben erweckt, als ob zwischen diesen beiden Ringen eine äussere Paukenhaut vollständig fehle. Erst beim Oeffnen des unteren Kehlkopfes sieht man diese als deutliche Falte weit in den Innenraum vorspringend und so ein Stimmband bilden. Die Angabe Meckel's, dass dasselbe von einer Erhebung auf dem ersten Halbring gebildet werde, beruht auf einem Irrthum. Auch zwischen dem ersten und zweiten Halbring, die ebenfalls beide mit ihren Enden zusammentreffen, findet sich ein breites ovales Fenster. Die übrigen Halbringe sind durchweg durch Membranen getrennt, so dass die Bronchien relativ lang werden und ca. $1/_6$ der Tracheallänge ausmachen.

Die inneren Paukenhäute sind sehr schmal. Erst dicht unter der Bifurcation der Trachea verbreitern sie sich etwas, gehen dann aber direct in einander über, da ein fester Steg nicht vorhanden ist. Ebenso fehlt auch die Membrana semilunaris, höchstens, dass man eine schwache faltenförmige Erhebung an der Hinterwand der Trachea, dort, wo sich die verwachsenen Paukenhäute mit ihr vereinigen, als Rudiment derselben ansehen könnte.

Der Bronchidesmus befindet sich dicht unter der Theilung, da, wo die inneren Paukenhäute sich zu verbreitern beginnen.

Neben den Kehlkopfmuskeln kommen, der Hinterseite der Trachea zugewandt, die Sternotrachealmuskeln herab. Sie verlassen die Luftröhre in der Gegend des 13. und 14. Ringes. Ihre Wirkung deckt sich mit der des Kehlkopfmuskels. Dieser hebt die Bronchialhalbringe und bildet so das Labium, jener thut dasselbe, indem er die Trachea herabzieht.

## 5. Pelecanidae.

Bei *Pelecanus crispus* ist die Trachea aus weichen knorpeligen Ringen zusammengesetzt, die nicht viel breiter sind als die Membranen zwischen ihnen. Der Querschnitt derselben ist elliptisch, und zwar ist die längere Axe oberhalb des 24. Ringes, der Abgangsstelle der Musculi sternotracheales, von rechts nach links gerichtet. An dieser Stelle verschmälert sich die Trachea und unterhalb derselben ist das Axenkreuz um einen rechten Winkel gedreht, so dass nun die längere Axe von vorn nach hinten verläuft.

Abnorm durch ihre Asymmetrie ist die Theilung der Trachea. Die letzten Ringe, und zwar bei dem untersuchten Exemplar links deren drei, rechts nur zwei, stehen rechtwinkelig zu den nach oben folgenden. Vorn und hinten sind sie zu einer breiten Leiste verwachsen. Dadurch stehen die Bronchien weit auseinander und geben dem sich beim Fressen weit ausdehnenden Oesophagus Raum. Ob die Lage des Herzens auch zu dieser eigenthümlichen Bildung beiträgt, konnte ich nicht constatiren, da mir die Respirationsorgane nur in Spirituspräparaten zur Verfügung standen. Mit den breiten Leisten innig verbunden ist der Steg, der ebenfalls nicht genau in der Mitte liegt, sondern etwas nach links verschoben ist. Die beiden Ringe, welche oberhalb der rechtwinkelig ausspringenden liegen, haben vorn und hinten nach unten gerichtete Spitzen und der unterste derselben verschmilzt ebenfalls mit der horizontalen Leiste.

An den letzten Ring setzt sich mit seiner vorderen und hinteren Extremität der erste Bronchialhalbring, mit jenem ein ovales häutiges Fenster einschliessend. Die darauf folgenden vier Halbringe sind unter sich und vom ersten durch Membranen geschieden, während die übrigen dicht aneinander liegen. Sehr auffallend ist das starke bauchige Anschwellen der Bronchien, so dass diese an dem Punkt ihrer grössten Ausdehnung die Weite der Trachea um das Doppelte übertreffen.

Die Membrana tympaniformis interna ist dort, wo sie horizontal liegt, also dicht am Stege, breit, verschmälert sich dann aber sehr schnell und erreicht als schmales Band die Lunge. Die Ausbauchung der Bronchien wird von fast vollständig geschlossenen kreisrunden Ringen bewirkt.

Von Muskeln ist nur der oben in Betreff seiner Abgangsstelle schon genannte Musculus sternotrachealis zu erwähnen, welcher an der Trachea herabkommt. Ein besonderer Musculus bronchotrachealis fehlt dem Pelikan im Gegensatz zur Scharbe. Yarrel beschreibt zwar bei *P. bassanus* einen solchen, der unter dem Sternotrachealmuskel entspringen und an einer drüsigen Hervorragung inseriren soll, die sich auf dem ersten Bronchialhalbring erhebt; doch wird er von Stannius abgeleugnet und auch Meckel hat bei *P. onocrotalus* keinen besonderen Kehlkopfmuskel gefunden.

## 6. Anatidae.

Von dieser Familie gingen meine Untersuchungen aus. Doch stand ich nach Kenntnissnahme der Literatur von dem näheren Eingehen auf diese Vogelgruppe ab, da ich doch niemals das reiche Material zusammentragen konnte, wie Cuvier, Eyton und Andere es beschrieben haben.

Im entwickelungsgeschichtlichen Theil werde ich eine merkwürdige Thatsache zu erwähnen haben, die ich bei der Ente constatiren konnte. Hier will ich nur den unteren Kehlkopf einer männlichen Brandente beschreiben, da die bis jetzt gegebenen Darstellungen sehr viele Differenzen aufweisen.

Die meisten Enten haben im männlichen Geschlecht eine linksseitige Ausbuchtung des unteren Kehlkopfes. Einige haben solche an beiden Seiten desselben und in diesem Falle wird gewöhnlich die rechte von der linken an Grösse übertroffen. Nur bei *Vulpanser tadorna* ist, soviel mir bekannt geworden, das Umgekehrte der Fall. Hier ist die rechte Ausbuchtung beinahe doppelt so gross als die linke. Cuvier schreibt beiden eine gleiche Grösse zu und Meckel behauptet sogar, dass die linke Erweiterung noch einmal so gross sei als die rechte. Ich habe mehrere ältere Thiere dieser Art geöffnet und überall fand ich meine Behauptung bestätigt.

Die Trachea ist im Querschnitt elliptisch, und zwar ist die längere Axe von links nach rechts gestellt. Am 18. Ring oberhalb des Abgangs der Musculi sternotracheales wird der Querschnitt ein Kreis, und hier gehen die Musculi ypsilotracheales ab. Unterhalb jener lassen sich noch vier Ringe unterscheiden, die übrigen sind verwachsen und bilden das Labyrinth. Vorn liegen dessen Flächen mit der Trachea in einer Ebene, hinten springen sie aber weit vor, so dass die Trachea als tiefe Furche zwischen den beiden Hälften desselben verläuft. Durch einen hohen Steg, der am Grunde des Labyrinthes beginnt und bis zum Abgang der Sternotrachealmuskeln emporsteigt, der also mindestens 7 Ringe in sich vereinigt, wird das untere Ende der Trachea früh in zwei Kanäle getheilt, denen die Ausbuchtungen ansitzen. Man kann jene analog dem *Spheniscus* als Bronchen auffassen und so der Brandente ebenfalls einen Larynx bronchialis zuschreiben.

Die rechte Hälfte des Labyrinthes ragt nach oben bis in die Gegend des 5. und 6. Ringes oberhalb der Musculi sternotracheales. Sie liegt der Trachea seitlich an, denn diese setzt sich geradeaus in den rechten Bronchus fort und steht nur durch eine seitliche grosse ovale Oeffnung mit der Ausbuchtung in Verbindung. Ueber dem rechten Bronchus erhebt sich ein kleiner Höcker, der ebenfalls einen Hohlraum einschliesst, dessen Wandungen aber bedeutend stärker sind, als die der seitlichen Ausbuchtungen.

Schwieriger ist der Weg zum linken Bronchus. Der Kanal ist in der Trachea schon bedeutend enger, da der Steg nicht genau in der Mitte steht, sondern der linken Seite etwas genähert ist. Von hier aus gelangt die Luft nach vorn und unten in den kleinen Höcker über dem linken Bronchus, dann sich wieder nach hinten wendend in die linke Hälfte des Labyrinthes und von hier aus erst in den Bronchus. Beide Oeffnungen des Labyrinthes liegen in einer Rinne, die horizontal an der Seite der Trachea verläuft. Dieser Theil des Labyrinthes ist also zwischen Trachea und linkem Bronchus eingeschaltet, die Luft muss durch denselben hindurch, wenn sie zur Lunge will, während dies bei der anderen Hälfte nicht der Fall ist.

Die Bronchien selbst betreffend, so konnte ich keine Verschiedenheiten in der Weite derselben constatiren, wie Meckel angiebt. Die Zahl ihrer Ringe betrug 12. Der erste Ring liegt der rechten Seite der Ausbuchtung dicht an, so dass hier von keinem Stimmband die Rede sein kann. Auf der linken Seite dagegen bemerkt man zwischen dem Labyrinth und dem ersten Halbring eine wohl ausgebildete äussere Paukenhaut, welche, je nachdem die Trachea durch ihre beiden Niederzieher herabgezogen wird, mehr oder weniger in die Eingangsöffnung zum Bronchus vorspringt und so ein Stimmband bildet.

Die inneren Paukenhäute zeigen nur dicht unter dem Labyrinthe eine grössere Ausdehnung. Sie werden sehr schnell zu einem schmalen Bande reducirt, welches sich bis an die Lungen fortsetzt. Der Bronchidesmus ist sehr breit und hoch an der Bifurcation gelegen.

Der Musculus ypsilotrachealis läuft an der Trachea herab. Unter ihm liegen die Fasern des Musculus sternotrachealis, doch wird dessen Stärke zwischen Trachea und Sternum erst durch die Fasern bedingt, die an der Abgangsstelle von der Trachea hinzutreten.

Bei der mikroskopischen Untersuchung erwiesen sich nur die beiden Ausbuchtungen als vollkommen knöchern, und zwar stehen die Knochenkörperchen alle parallel der äusseren Begrenzungsfläche. Die Ringe der Trachea sind in ihrem Körper ebenfalls knöchern und führen zahlreiche Mark- und Bluträume. In den oberen und unteren Rändern aber, mit denen sie übereinandergreifen, lagern zahlreiche nicht resorbirte Knorpelzellen. Die Bronchialringe schliesslich sind massiv knorpelig und nur von einem dünnen Knochenmantel umhüllt.

## 7. Phoenicopteridae.

Das untersuchte Präparat stammt von *Phoenicopterus antiquorum*. Die Trachea ist dem langen Halse entsprechend sehr lang und fest. Sie verläuft gerade bis zur Theilung. In den Seitenlinien überdecken sich die Ringe sehr stark, so dass der Ring an der einen Seite mehr als doppelt so breit erscheint, wie an der anderen. Die sechs untersten Ringe sind zu einer Trommel verschmolzen, die von den Seiten etwas comprimirt ist, und geben dem breiten und festen Steg vorn einen breiten Insertionspunkt. Auf der hinteren Seite ist die Trommel in ihrem unteren Theile gespalten, die Enden stehen auseinander, und der Steg muss nach hinten in die Höhe steigen, um hier ebenfalls einen Anheftungspunkt zu finden. Der untere Rand der Trommel ist an den Seiten ausgeschweift, und in dieser Concavität liegt der erste Bronchialhalbring, so dass ein membranöser Zwischenraum nicht sichtbar ist. Dagegen befindet sich zwischen dem ersten und zweiten Halbring ein sehr breites häutiges Fenster. Sämmtliche Bronchialhalbringe sind sehr schmal und gering an Zahl, so dass die Bronchien im Verhältniss zur Trachea verschwindend kurz sind. Die inneren Paukenhäute legen sich über den breiten Steg, hier eine, besonders in der Nähe der Hinterwand deutliche Membrana semilunaris bildend. Sie sind bis zum 7. Halbring breit und erscheinen als grosse dreieckige Fenster, deren Spitzen nach unten gerichtet sind. In ihr endigen die elastischen Fasern des Bronchidesmus. Der Musculus sternotrachealis verlässt die Trachea in der Gegend des 22. und 23. Ringes. Unter ihm liegt der breite Musculus bronchotrachealis, welcher an den Seiten des vorigen frei hervortritt. Er endet am oberen Rande der Trommel, setzt sich jedoch in eine Sehne fort, welche sich am ersten Bronchialhalbring inserirt. Es ist ihm so möglich ein Labium, welches der Sternotrachealmuskel durch Herabziehen der Trachea aus dem Fenster zwischen erstem und zweitem Halbring gebildet hat, wieder verschwinden zu lassen.

## 8. Scolopacidae.

Von dieser Familie untersuchte ich den unteren Kehlkopf der Uferschnepfe, *Limosa melanura*, der Bekassine, *Gallinago scolopacina*, und der Waldschnepfe, *Scolopax rusticola*, letzteren nur makroskopisch. Sie weichen in vielen Punkten von einander ab, so dass ich vorziehe, das Stimmorgan der einzelnen Vögel getrennt zu beschreiben.

*Limosa melanura.* Vorausschicken will ich, dass das Stimmorgan von einem Thiere stammt, welches schon Jahre lang in der Gefangenschaft gelebt und gewiss vollständig ausgebildet war. Die Trachea verschmälert sich am unteren Ende, verbreitert sich dann aber schnell wieder, so dass der unterste Trachealring und der erste Bronchialhalbring seitlich vorspringen. Beide Ringe erheben sich vorn ebenfalls über die Ebene der Trachea zu einer Spitze, während hinten die letzten Trachealringe nach innen sich umbiegen und erst im Stege ihren Schluss finden. Die Ringe der Trachea liegen dicht aneinander. Vorn und hinten zeigen sie obere und untere Randeinschnitte, so dass ein seitliches Uebereinandergreifen möglich wird. Die vier untersten Trachealringe sind vorn in der Mittellinie verschmolzen. Hier setzt sich der Steg als ein Product der vier Ringe an. Derselbe theilt sich hinten gleichsam in zwei Aeste, die sich nach baldigem Zerfall in die vier Ringe wieder rechts und links nach vorn umkrümmen.

An den untersten Trachealring legt sich dicht der erste Bronchialhalbring an. Hinten verschmelzen beide sogar durch ein falsches Gelenk. Eine Membran zwischen ihnen ist kaum sichtbar, desto grösser aber sind die

Membranen zwischen den folgenden Halbringen. Die oberste derselben, die den Raum zwischen dem ersten und zweiten Halbring ausfüllt, springt stark nach innen vor; wir haben es hier, wie die mikroskopische Untersuchung lehrt, mit einem Stimmband zu thun.

Die innere Paukenhaut verläuft, die ganze Innenseite der Bronchien ausfüllend, bis zu den Lungen. Sie legt sich glatt über den Steg, ohne sich zu einer Membrana semilunaris zu erheben.

Der Musculus sternotrachealis verlässt in der Gegend des 15. Ringes die Trachea. Unter ihr verläuft ein besonderer Kehlkopfmuskel zum letzten Trachealring.

Das Gewebe aller Ringe ist, wie die mikroskopische Untersuchung zeigte, ursprünglich Knorpel, und zwar stark verkalkter Netzknorpel. Bei erwachsenen Vögeln füllt derselbe aber nur noch die Bronchialhalbringe (mit Ausnahme des ersten) vollständig aus, doch ist von der Peripherie aus eine Resorption eingeleitet und Knochen darauf abgelagert, so dass die Halbringe aus Knorpel bestehen mit einem knöchernen Mantel. Die Trachealringe und der erste Bronchialhalbring besitzen ebenfalls einen Knochenmantel, doch ist hier die Resorption des Knorpels weiter vorgeschritten. Bei letzterem, welcher durch seine Dicke alle übrigen Halbringe übertrifft, ist der Knorpelkern vollständig verschwunden. Der Halbring besteht aus einer Knochenhülle, die von stark verfettetem Mark erfüllt ist. Ebenso die vier untersten Trachealringe, die im Querschnitt von den nach oben folgenden Ringen bedeutend abweichen. Auch sind diese Ringe nicht nur vorn und hinten verschmolzen, sondern auch sonst vielfach durch Knorpelwucherungen untereinander verbunden. Der erste derselben wird ausserdem durch zahlreiche Knochenbalken verstärkt. Hinten und vorn vereinigen sich unter Schwinden der sie trennenden Knochenlamellen die Markräume der vier Ringe und gehen als ein einziger in den Knochen des Steges über. Doch endigen die von vorn und hinten kommenden Knochen bald und der Steg bleibt in der Mitte membranös.

Die oberhalb des vierten Trachealringes gelegenen Ringe beginnen von der der Wirbelsäule genäherten Seite hohl und markhaltig zu werden, so dass im fünften Ring der Markraum noch ziemlich ausgedehnt ist, während er sich mehr und mehr auf die Rückenlinie beschränkt, je mehr man nach oben kommt. Doch ist es hier noch nicht zur Ausscheidung von Knochenkörperchen gekommen. Die Fortsätze indessen, mit denen die einzelnen Ringe seitlich übereinandergreifen, sind immer massiv knorpelig.

Der wichtigste Theil des unteren Kehlkopfes, das Labium, liegt auf dem ersten Halbring und auf der Membran zwischen diesem und dem zweiten Halbring. Es ist aus Bindegewebsfasern gebildet. Am dichtesten liegen diese zwischen den beiden Halbringen und dicht unter dem Epithel. Um die Wirkung des Kehlkopfmuskels auf das Stimmband zu erhöhen, springt der unterste Trachealring etwas über den ersten Halbring nach unten und innen vor. An diesem Vorsprung setzen sich elastische Fasern, welche direct nach dem zweiten Bronchialhalbring verlaufen und denselben in die Höhe ziehen können. Es ist so die Möglichkeit gegeben, dass das Stimmband bei Contraction des Kehlkopfmuskels mehr nach innen treten kann, während man bei makroskopischer Untersuchung zu der Ueberzeugung kommen muss, dass der Kehlkopfmuskel nur zur Abflachung des Labiums, der Sternotrachealmuskel dagegen zur Verengerung der Glottis dient. Auf dem Labium endet das Flimmerepithel, welches die Trachea auskleidet.

*Scolopax rusticola* weicht vielfach von *Limosa* ab. Eine Verschmelzung der Ringe, ein zum Theil fester Steg fehlt und der Kehlkopfmuskel setzt sich an den ersten Halbring, wie schon Cuvier nachwies. Sie bildet auf diese Weise einen Uebergang zu der Bekassine, bei der er am zweiten Halbring inserirt.

Die sechs untersten Ringe der Trachea unterscheiden sich vorn durch ihre geringere Breite von den nach oben folgenden. Hinten sind sie nicht geschlossen, sondern haben zwischen ihren Enden eine Membran, welche am unteren Ende des 7. Ringes spitz beginnend, allmälig sich verbreitert und in die Membranae tympaniformes internae übergeht. Die drei Membranen bilden einen Vereinigungswinkel, welcher sich vorn am untersten Trachealring befindet, so dass der Steg in Wegfall kommt. Der Vorderwand zugewandt erheben sich die Membranen zu einer schwachen halbmondförmigen Membran.

Der erste Bronchialhalbring ist im Gegensatz zu *Limosa* schwächer als die folgenden. Nach oben ist er schwach convex und liegt dem letzten Trachealring dicht an. Auch hört er mit diesem hinten auf, während die folgenden weiter vorspringen.

Die inneren Paukenhäute gleichen in ihrer Ausdehnung denen der Limose. Ihre eigenthümliche Beziehung zu der hinteren Seite der Trachea habe ich schon erwähnt. Die Bronchialhalbringe sind durch Membranen getrennt. Die zwischen erstem und zweitem Halbring ist die breiteste, auf ihr erhebt sich ein flaches Labium.

Der Musculus bronchotrachealis setzt sich an den ersten Halbring; er erschlafft das schwache Labium, während der in der Gegend des 20. Trachealringes abgehende Musculus sternotrachealis eine Erhöhung desselben bewirkt, indem er die Trachea herabzieht.

*Gallinago scolopacina.* Der untere Kehlkopf dieses Vogels gehört zu den sonderbarsten, welche ich zu untersuchen Gelegenheit hatte. Fast drängt sich Einem die Ueberzeugung auf, dass man es hier mit einem krankhaften Zustand zu thun hat. Die Bekassine wurde auf der Jagd geschossen, und ausser starker Fettdegeneration war keine Spur einer Krankheit zu finden. Vielleicht lässt das viele Fett das nachher zu beschreibende obere Stimmband etwas stärker als gewöhnlich hervortreten, im Uebrigen glaube ich aber, dass wir es mit dem normalen Zustand zu thun haben.

Bei oberflächlicher Betrachtung fällt das starke seitliche Hervortreten der Ringe auf, dort wo die Trachea in die Bronchien übergeht. Die untersten Trachealringe, gemeinsam mit dem ersten Bronchialhalbring, bilden, überdeckt von dem Kehlkopfmuskel, jenen starken Winkel, den die Vorderansicht und besonders die Schnitte zeigen. Die fünf untersten Ringe der Trachea sind fast gänzlich untereinander verschmolzen, nur hinten sind sie getrennt, und hier sind auch die beiden ersten nicht geschlossen, nicht nur der letzte, wie Cuvier angiebt. Sie bestehen aus einem hohlen dünnwandigen Knochenring, der mit fast vollständig verfettetem Mark gefüllt ist. Vorn sind die Scheidewände zwischen den Ringen vollkommen verschwunden und erst nach hinten treten sie, von oben nach unten die Ringe von einander lösend, allmälig auf. Die Resorption des Knorpels ist hinten nicht so vollkommen, so dass man zwischen zwei Knochenlamellen, der äusseren, die von dem Periost, und der inneren, die von den Osteoblasten des in den Knorpel eingewucherten Periostes abgeschieden ist, noch Knorpelzellen antrifft. Die beiden obersten Ringe der Trommel haben an der hinteren Seite gar keinen Markraum, sondern nur eine knöcherne Hülle, während der Innenraum massiv knorpelig ist. Auch die Trachealringe oberhalb der Trommel haben durchweg einen knöchernen Mantel. Eine Resorption des darin befindlichen Knorpels hat vom Periost aus stattgefunden, und zwar begann sie von der Mittellinie aus sich nach rechts und links auszubreiten. In dem untersten Ring ist die Resorption am ausgedehntesten, weiter nach oben beschränkt sie sich mehr und mehr auf die Mittellinie, bis sie schliesslich ganz aufhört.

Der erste Bronchialhalbring zeichnet sich vor den folgenden durch bedeutenderen Querschnitt aus. Er liegt dem convexen unteren Rande der Trommel mit seinem concaven oberen Rande dicht an und kann an jenem hergleiten. Nach vorn erstreckt er sich nicht so weit wie der zweite Halbring, so dass dieser allein die vordere Spitze bildet. Er ist der einzige Bronchialhalbring, der innen hohl und mit knöchernen Wandungen versehen ist. Der mit verfettetem Mark gefüllte Hohlraum wird von mehreren Knochenbrücken durchsetzt, welche senkrecht auf der Gleitfläche stehen und so den Ring widerstandsfähiger machen. Durch Bindegewebsfasern setzt sich dieser Halbring vorn in ein langes Knorpelstück fort, welches nach unten und innen geht. Nach unten lässt sich dasselbe über den zweiten und dritten Halbring verfolgen, bis es schliesslich in die innere Paukenhaut eintritt, die es spannt. Die übrigen Halbringe bestehen aus Knorpel mit dünner Auflagerung von Knochensubstanz.

Der Steg steigt von vorn nach hinten, wo er am unteren Rande des dritten Ringes inserirt. Auf diese Weise ist bei der Rückansicht eine eigenthümliche Verdickung bemerkbar, die von der Mitte des Steges herabhängt. Im unteren Theil derselben lagern embryonale Knorpelzellen ohne irgendwelche Intercellularsubstanz. Nach oben haben sich diese zu zwei kurzen von vorn nach hinten verlaufenden und symmetrisch rechts und links gelegenen Stränge differenzirt, welche durch embryonales Bindegewebe verbunden sind. Im Uebrigen ist der Steg vollständig bindegewebiger Natur.

Der Musculus sternotrachealis kommt an der Trachea herab und verlässt dieselbe am fünften Ring oberhalb der Trommel. Der Kehlkopfmuskel verläuft hinter jenem. Ein Theil seiner Fasern endet auf dem untersten Ringe der Trommel. Die weiter nach vorn liegenden laufen um den ersten Halbring herum und inseriren am zweiten. Hier enden die Muskelfibrillen spitz, und das Sarkolemm geht direct in die äussere Schicht des Periostes über.

Von Membranen ist nur die innere Paukenhaut und jenes kleine häutige Dreieck zu erwähnen, welches vorn zwischen dem unteren Rande der Trommel und dem ersten Bronchialhalbring, resp. der knorpeligen Fortsetzung desselben sichtbar ist. Erstere ist in ihrem oberen Theil nur hinten sichtbar. Nach den Lungen zu wendet sie sich nach vorn. Sie ist am breitesten zwischen den ersten beiden Halbringen, füllt aber bis zu den Lungen die ganze Innenseite der Bronchien aus. Ihre Dicke macht sie im Allgemeinen unfähig zu schwingen. Nur dort, wo jene kleine dreieckige Membran sich mit ihr vereinigt, ist sie dünner. Diese Stelle kann sich leicht nach innen einstülpen und mit dem später zu erwähnenden unteren Stimmband eine mehr oder weniger enge Glottis bilden. Die vereinigten inneren Paukenhäute des rechten und linken Bronchus erheben sich im hinteren Theile der Trachea zu einer schwachen Membrana semilunaris. Die Ringe werden durch Bindegewebsfasern zusammengehalten, die sich zum Theil zu besonderen Partien differenzirt haben. Sehr auffallend sind die vielen Blutcapillaren, welche darin, besonders in der Trommelgegend, vorkommen.

Das Epithel hat viele becherförmige Drüsen. Dieselben liegen in der Trachea gedrängt an einander, während sie in den Bronchien vereinzelter auftreten.

Gehen wir nun zu den Stimmbändern über, so müssen wir die auffallende Thatsache constatiren, dass bei der Bekassine deren zwei auftreten: ein oberes, welches noch im Raum der Trommel, und ein unteres, welches im Bronchus liegt.

Das obere hat man in dem Winkel zu suchen, welcher durch das starke Vorspringen der Trommel und des ersten Halbringes über den zweiten heraus gebildet wird. Sein Gewebe besteht aus netzförmiger Bindesubstanz und führt, wie schon angegeben, viel Fett. Ein grosser Theil der Fasern kommt strahlenförmig vom ersten Halbring, in dessen Periost dieselben übergehen. Contrahirt sich nun der Kehlkopfmuskel, so gleitet der erste Bronchialhalbring unter der Trommel nach aussen und zieht das Stimmband mit sich, so dass der Eingang zu den Bronchien erweitert wird. Bei Erschlaffung des Muskels tritt eine Verengerung des Eingangs ein. Das Drüsenepithel setzt sich über das obere Stimmband fort, während das untere, mächtigere ein glattes Epithel hat, welches höchstens einige Falten zeigt. Die Bindegewebsfasern, welche dies untere Stimmband bilden, haben keine bestimmte Anordnung aufzuweisen. Auf dies Labium wirkt der Muskel direct, und zwar wird die Glottis durch Contraction desselben erweitert. Diese Erweiterung wird noch stärker dadurch, dass der nach aussen ausweichende erste Halbring den cartilaginösen Tensor anzieht und dieser so die innere Paukenhaut spannt. Hierdurch wird die dünne Stelle derselben der Art gestreckt, dass sie mit dem übrigen Theil der Membran eine Ebene bildet.

## 9. Rallidae.

Von *Crex* sagt Savart, dass die Trachea hinten und vorn häutig sei. Ein solches Verhalten konnte ich bei *Crex pratensis* nicht constatiren. Sämmtliche Trachealringe waren vollkommen geschlossen. Die sechs untersten, welche sich durch ihren Querschnitt von den nach oben folgenden auszeichnen und auch in den Seitenlinien nicht übereinandergreifen, bilden die Trommel. Sie sind vielfach miteinander verwachsen, oft ist sogar die trennende Scheidewand verschwunden, so dass die Markräume direct communiciren. Die Ringe der Trommel, wie die darüber gelegenen, sind hohle Knochen, die vielfach von Knochenbalken durchsetzt sind. Diese stehen alle regelmässig senkrecht zum grössten Durchmesser des Ringes, d. h. horizontal. Nur in den Rändern der übereinandergreifenden Ringe finden sich Knorpelzellen. Die fünf untersten Ringe gehen sowohl vorn, wie hinten in die Bildung des Steges ein. Dieser behält jedoch in seinem Verlaufe nicht überall die volle Höhe der ihn bildenden Ringe, indem sein oberer Rand concav ist.

Die ersten Bronchialhalbringe lassen sich nicht besprechen, ohne dabei gleich die äussere Paukenhaut zu erwähnen. Diese ist von oben nach unten zwischen dem unteren Rand des ersten und dem oberen Rand des vierten Halbringes ausgespannt. Der zweite und dritte Halbring spannen sie zwischen ihren Enden von vorn nach hinten, so dass sie an der Seite wie ein Deckel über der äusseren Paukenhaut liegen. Der erste Bronchialhalbring gleicht den Trachealringen in seiner Structur; er ist knöchern und sein Hohlraum von verfettetem Mark erfüllt. Zur Verstärkung seiner Wände ist er von zahlreichen Knochenbalken durchsetzt. Die übrigen Halbringe sind massiv knorpelig mit einer dünnen Auflagerung von Knochensubstanz.

Die innere Paukenhaut füllt zwischen den Extremitäten der oberen Halbringe die ganze Innenseite der Bronchien aus. Nach unten läuft sie dreieckig zu und verdickt sich durch Aufnahme elastischer Fasern, welche den Bronchidesmus bilden. Von einer Membrana semilunaris kann man nicht reden. Das Epithel der Trachea führt viele Drüsen, aber anscheinend keine Flimmerhaare, wie solche bei *Fulica* vorkommen.

Die Musculi sternotracheales laufen vor und über den Musculi bronchotracheales herab und verlassen die Trachea am 15. Ring.

Der Kehlkopfmuskel versorgt die ersten drei Halbringe. Die Bindegewebshüllen seiner Fibrillen setzen sich theils an das Periost derselben, theils durch die interannularen Zwischenräume hindurch an die Membrana tympaniformis externa. Durch Contraction streckt er diese Membran, so dass sie nicht in das Innere des Bronchus vorspringt. Zugleich zieht er die Mitte des zweiten und dritten Halbringes nach oben und nähert so deren Enden. Dagegen wird durch Contraction des Sternotrachealmuskels eine Verengerung der Glottis und Spannung der in diesem Falle ein Labium bildenden äusseren Paukenhaut von vorn nach hinten bewirkt.

*Fulica atra* hat ebenfalls knöcherne, mit embryonalen Markzellen gefüllte Trachealringe, welche mit Ausnahme der sechs untersten übereinandergreifen. Diese sind nach unten ausgeschweift und zeichnen sich vor den anderen durch geringere Breite aus. Eine Verwachsung derselben findet aber nicht statt. Vom untersten Trachealring steigt der sehr flache knöcherne Steg nach hinten in die Höhe. Hier findet er seine Insertion am dritten Ring, so dass die beiden darunter gelegenen gespalten sind, nicht nur der unterste, wie Cuvier angiebt.

Der erste Bronchialhalbring übertrifft sowohl die untersten Trachealringe, wie die folgenden Halbringe bedeutend an Höhe. Er ist durchweg knöchern, während der zweite nur in seiner hinteren Partie eine derartige Metamorphose erlitten hat. Der Knochen führt zahlreiche Havers'sche Kanäle und Markräume, die zum Theil von der äusseren Fläche des Ringes eingewuchert sind, während die Einstülpung gewöhnlich von der dem Innenraum der Trachea zugekehrten Fläche zu geschehen pflegt.

Die übrigen Halbringe führen innerhalb ihres Knochenmantels einen knorpeligen Kern.

Eine äussere Paukenhaut fehlt. Sie wird in ihrer Wirkung durch ein dickes Polster ersetzt, welches dem ersten Halbring aufliegt und bei erschlafftem Kehlkopfmuskel als Labium dient.

Ihm gegenüber befindet sich eine dünnere Stelle der inneren Paukenhaut. Diese legt sich glatt über den Steg weg, nur führt an dieser Stelle ihr Epithel zahlreiche Drüsen. Weiter nach unten zu liegt der inneren Paukenhaut aussen ein dickes Polster auf, welches hauptsächlich aus Bindegewebe und elastischen Fasern besteht. Letztere setzen sich über die Spitze des Polsters hinaus fort zu der gegenüberliegenden inneren Paukenhaut, so den Bronchidesmus bildend.

Nach Aufhören des Polsters wendet sich die Membran auf die vordere Fläche des Bronchus, so dass man sie nach Entfernung des Herzens sehen kann.

Das Epithel der Trachea führt dicht gedrängt becherförmige Drüsen und trägt Flimmerhaare.

Die Musculi sternotracheales bedecken die ganze Vorderfläche der Trachea. Erst dicht an der Abgangsstelle, in der Gegend des 20. Ringes, ziehen sie sich auf die Seiten zurück. Ihnen entsprechend, bedecken die Kehlkopfmuskeln die hintere Fläche der Trachea. Ihre untere Insertion finden diese am ersten Bronchialhalbring und im oberen Theil der Membran zwischen diesem und dem zweiten. Ihre Function besteht darin, das Labium nach aussen zu ziehen, während die vorgenannten durch Herabziehen der Trachea die Glottis verengern.

## 10. Ibidae.

Ich untersuchte die Respirationsorgane von *Platalea leucorodia*, deren Trachea bekanntlich zweimal gebogen ist.

Dieselbe hat elliptischen Querschnitt und besteht aus Ringen, die mit Ausnahme der untersten vier geschlossen sind. Vorn und hinten besitzen dieselben auf dem oberen und unteren Rande einen rechteckigen Fortsatz, so dass sich die benachbarten Ringe hier berühren. Ein elastisches Band zwischen den Fortsätzen gestattet eine freie Bewegung der Ringe. Diese vorderen und hinteren Stellen ausgenommen, sind jene durch breite Membrane getrennt, die nach der Theilung zu schmaler werden. Von den vier untersten, hinten nicht geschlossenen Trachealringen besitzen die ersten noch gewisse Auszeichnungen, welche einer kürzeren Erwähnung bedürfen. Der Fortsatz des dritten erstreckt sich nämlich vorn zwischen dem zweiten und ersten Ringe hindurch bis zur Theilung der Trachea. Mit diesem Fortsatz sind rechts und links die beiden untersten Trachealringe membranös verbunden.

An diesen Fortsatz des dritten Trachealringes articuliren nun die vorderen Enden des ersten Halbringes. Derselbe wendet seine gebogene Seite nach oben, während der zweite horizontal steht. Zwischen sich haben sie ein breites häutiges Fenster, welches vorn spitz zuläuft, weil hier die Halbringe articuliren, hinten jedoch stumpf in die innere Paukenhaut übergeht. Die folgenden Halbringe sind sämmtlich durch Membranen getrennt, welche durchschnittlich doppelt so breit sind, als die Halbringe.

Ein fester Steg fehlt. Die innere Paukenhaut setzt sich an das untere Ende des dem dritten Ringe zugehörigen Fortsatzes und steigt nach hinten, sich an die Enden der ungeschlossenen Trachealringe ansetzend, bis zum unteren Rande des vierten Ringes. Am breitesten ist sie zwischen den Extremitäten des ersten Halbringes. Bis zum fünften, wo sich auch der Bronchidesmus findet, nimmt sie schnell ab, bis sie schliesslich so schmal wird, dass die Enden der folgenden Bronchialhalbringe sich berühren, ohne indess zu verschmelzen.

Eine schwach angedeutete Membrana semilunaris findet sich nur in der Nähe der vorderen Wand.

Ein besonderer Kehlkopfmuskel fehlt, wie Yarrell richtig angiebt. Ueber den Sternotrachealmuskel gab mir mein Präparat keinen Aufschluss.

## 11. Ciconidae.

Die Frage, ob der weisse Storch. *Ciconia alba,* wirklich einen unteren Kehlkopf besitzt, lässt sich verschieden beantworten. Eine wahre Stimme hat er nicht, und so können wir physiologisch auch nicht von einem Stimmorgan sprechen. Ist uns indessen eine von den übrigen Tracheal- und Bronchialringen morphologisch abweichende Bildung der Ringe in der Nähe der Bifurcation ein genügendes Kriterium, so sind wir wohl berechtigt, auch dem Storch einen unteren Kehlkopf zuzusprechen.

Die Ringe, welche im oberen Theile der Trachea an den Seiten alterniren, legen sich in der Nähe des unteren Kehlkopfes aneinander und werden schmaler. Plötzlich schwillt die Trachea, wie man bei Cuvier schon angegeben findet, nach vorn zu stark an, während die hintere Seite dieser ungefähr 10 Ringe umfassenden Stelle nach innen sich einbuchtet und deutlich von dem nach unten folgenden Theil sich absetzt. Die obersten Ringe dieses Theiles sind nicht geschlossen, sondern erheben sich als kurze Skelettstückchen, jederseits drei, zu Fortsätzen, welche, wie die Vorderansicht lehrt, auf die Ausbuchtung sich legen. Diese geht zwischen den Fortsätzen allmälig in den unteren Theil über. Die Ringe werden nicht viel breiter, desto mehr aber die dazwischen liegenden weicheren Theile. Zwei vollständige Ringe folgen noch auf die kurzen Knorpelstückchen, dann erst geschieht die Theilung der Trachea.

Die ersten Bronchialringe sind an den einander zugewandten Seiten verwachsen, so dass ein fester Steg gebildet wird. Eine innere Paukenhaut fehlt indess vollständig, indem die Bronchialringe sämmtlich geschlossen sind.

Durch das plötzliche Anschwellen der Trachea wird im Innern eine Falte gebildet, welche das Lumen derselben verengt. Eine zweite entsteht durch das Herabziehen der Luftröhre durch den in der Gegend des 7. Ringes oberhalb der Anschwellung abgehenden Musculus sternotrachealis, indem die eingebuchtete Stelle in das Lumen der Trachea tritt. Doch sind beide Falten nicht als Stimmbänder anzusprechen, wie sie auch den durch die äussere Paukenhaut bei anderen Vögeln gebildeten nicht vollkommen gleichen.

Die alternirenden Ringe der Trachea sind vollkommen knorpelig. Die der Anschwellung, resp. Einbuchtung sind ebenfalls knorpelig und liegen nebeneinander. Die Ringe der Bronchien haben keine Membran zwischen sich. Sie sind nur im mittleren Theile verkalkt, während die viel breiteren Ränder weich sind.

## 12. Ardeidae.

Das Exemplar von *Ardea garzetta*, dessen Stimmorgan ich untersuchen konnte, war erst wenige Wochen alt. Die Ringe waren noch knorpelig; nur auf denen der Trachea und den beiden ersten der Bronchien fanden sich dünne Knochenauflagerungen.

Die meisten Trachealringe alterniren seitwärts und unterscheiden sich dadurch von den sieben untersten, welche nebeneinander liegen und auch schmaler sind. Von diesen sieben sind die vier oberen unter sich und von den nach unten folgenden durch Bindegewebe getrennt, während die drei untersten dicht zusammenliegen. Diese zeichnen sich noch dadurch aus, dass sie weder vorn noch hinten geschlossen sind. Man könnte sie den Halbringen der Bronchien zurechnen, wenn nicht von ihnen der Steg abginge. Die Enden dieser Ringe alterniren vorn und hinten, und so gehen sie auch in den Steg über. In diesem schwinden erst die dazwischen liegenden Membranen. Der Steg ist vorn und hinten hoch und spitz, während er in der Mitte abgestumpft erscheint.

Die Bronchialhalbringe sind durch membranöse Zwischenräume von einander getrennt. Der Querschnitt ist bei allen ziemlich derselbe, höchstens dass der erste etwas dicker ist.

Dem ersten und zweiten Halbringe liegt ein deutliches Polster von Bindegewebsfasern auf, welches durch den an dem zweiten Halbring (nicht, wie Cuvier angiebt, an dem fünften Halbring) inserirenden Kehlkopfmuskel abgespannt, durch den Musculus sternotrachealis dagegen erhöht wird. Beide Muskeln laufen an der Trachea herab. Der letztere liegt etwas vor dem ersteren und geht in der Gegend des 12. Ringes zum Sternum ab.

Die innere Paukenhaut ist in ihrem oberen Theile sehr dünn. Am siebenten Halbring wird sie durch die elastischen Fasern des Bronchidesmus verstärkt. Von da verläuft sie schmal bis zu den Lungen. Zu einer halbmondförmigen Membran erhebt sie sich nicht.

Schon in der Structur der Skelettstücke unterscheidet sich der von einem ausgefärbten *Nycticorax caledonicus* stammende untere Kehlkopf von dem eben beschriebenen.

Die Trachealringe sind knöchern und haben nur in den übereinandergreifenden Rändern Knorpelzellen. Der Hohlraum, welcher von einem stark fetthaltigen Mark erfüllt ist, wird von zahlreichen Knochenbalken durchsetzt, so dass die Ringe trotz ihrer dünnen Wandungen eine grosse Festigkeit besitzen. Die vier untersten Trachealringe bedecken sich nicht mehr an den Seiten; sie weichen im Querschnitt von den übrigen bedeutend ab und können als Trommel angesehen werden. Von den beiden untersten geht der Steg nach innen ab. Derselbe ist ebenfalls knöchern und mit verfettetem Mark erfüllt. Im Querschnitt ist er niedrig und breit, so dass er weit in die innere

Paukenhaut eingreift. Nahe der Hinterwand theilt sich der Steg in drei Knochenröhren, die durch Knorpel verbunden sind: in eine obere mittlere und zwei symmetrisch darunter liegende. Erstere vereinigt sich hinten mit dem vierten Trachealring, die beiden anderen mit den drei darauf folgenden.

Die beiden ersten Bronchialhalbringe liegen dem unteren Ende der Trachea dicht an. Sie sind nach oben stark convex, so dass eine durch sie gelegte Ebene fast vertical zu der Trachea liegt. Was ihre Structur anlangt, so haben sie in ihren Enden Knorpel. Die Resorption desselben hat erst in der Mitte begonnen, und hier ist aus dem ersten Halbring ein von den unteren Trachealringen nicht unterscheidbarer hohler Knochen mit verfettetem Mark und Knochenbalken geworden, während der zweite Halbring auf seiner ganzen Innenfläche noch ein breites Knorpelband trägt und nicht von Knochenbalken durchsetzt ist. Eigenthümlich ist auch der Querschnitt dieses Halbringes. Vorn und hinten ist er eiförmig, nach der Mitte zu wächst der äussere Fortsatz, an den sich der Muskel setzt, weiter aus, und der Ring erscheint im Querschnitt fast rechtwinkelig geknickt. Zwischen ihm und dem dritten Halbring befindet sich ein häutiges Fenster, doch ist die Faltung desselben zu unbedeutend, um ein Stimmband zu bilden. Ein solches kann eher durch die Membran geliefert werden, welche sich zwischen dem dritten und vierten Halbring ausspannt.

Die Membrana tympaniformis interna setzt sich mit ihrer ganzen oberen Breite an den Steg, ohne sich über denselben zu erheben. Ihre grösste Breite hat sie zwischen den Enden der ersten Halbringe, doch füllt sie bis zu den Lungen die ganze innere Fläche der Bronchien aus. Am fünften Halbring sind die Paukenhäute beider Bronchien durch das elastische Band verbunden.

Der Musculus bronchotrachealis kommt an der Trachea herab und setzt sich mit breiter Basis an den nach aussen ragenden oberen Rand des zweiten Halbringes, den er nach oben zieht, um so ein etwa gebildetes Labium zu verwischen. Dasselbe erhebt sich durch Zusammenziehung des Musculus sternotrachealis, welcher am 10. Ring die Trachea verlässt. Er liegt zum Theil vor, zum Theil auf dem Kehlkopfmuskel.

## 13. Geotrygonidae.

Obwohl der untere Kehlkopf der von mir untersuchten Dolchstichtaube, *Phlogoenas cruentata*, in mancher Hinsicht dem der Haustaube gleicht, so bietet er doch wieder so mancherlei Abweichungen, dass ich eine getrennte Besprechung dieser beiden Familien vorzog.

Der untere Kehlkopf ist charakterisirt durch das starke Präponderiren der Membranen über die Skelettstücke.

Die Trachealringe, welche nur sehr wenig seitlich alterniren, liegen vom Abgang der Sternotrachealmuskeln abwärts parallel nebeneinander. Auf der Vorderseite zeigt ein Streifen in der Mitte der Ringe eine andere Farbe, welche in Resorptionserscheinungen des Knorpels ihren Grund hat. Der dritte Ring ist mit dem vierten durch eine sanfte Erhebung der zugekehrten Ränder verbunden. Nach unten sendet er einen langen Fortsatz, dem ein kürzerer vom zweiten Ringe entgegenwächst, so dass hier ebenfalls ein Gelenk gebildet wird. Zwischen den beiden untersten Ringen sind die einander entgegengewachsenen Fortsätze verschmolzen. Nach unten endet der erste Trachealring stumpf: es setzt sich hier ein Band aus festerem Gewebe an, das der inneren Paukenhaut Halt giebt. Auffallend ist noch das starke Vorspringen dieses Ringes nach der Seite, wo er sich weit über die Ebene der Trachea hervorwölbt und zugleich ziemlich dicht an den zweiten Ring anlegt.

Auf der Hinterseite sind die letzten neun Trachealringe nicht verwachsen, sondern durch eine Membran geschlossen. Die Enden der unteren Ringe sind stumpf, nach oben werden sie spitzer, bis sie schliesslich verschmelzen, so dass die Ringe wieder geschlossen werden.

Eine breite Membran, welche sich ringsum an den untersten Trachealring ansetzt, trennt diesen von dem ersten Bronchialhalbring. Auf ihn folgen die durch schmale und sehr dünne Membranen verbundenen übrigen Halbringe.

Was die Structur der Skelettstücke anlangt, so sind die meisten massiv knorpelig. Nur die beiden untersten Trachealringe und der erste Bronchialhalbring weichen hiervon ab. Von vorn nach hinten vorschreitend trifft man zuerst im untersten Trachealring, darauf im zweiten und schliesslich im Bronchialhalbring auf Resorptionserscheinungen. Der Knorpel ist verschwunden, und es ist ein hohler Knochen an seine Stelle getreten, in dessen dickeren Partien indess noch zahlreiche Knorpelzellen liegen.

Ein fester Steg fehlt. Die inneren Paukenhäute verdicken sich an ihrer Vereinigung, und diese Verdickung heftet sich vorn zwischen den ersten Halbringen an das genannte Band des ersten Trachealringes, hinten an dessen Extremitäten, zwischen denen die Paukenhaut sich dann nach oben fortsetzt, um den Schluss der Trachea zu bewerkstelligen.

Ueber den vier untersten Trachealringen sind die Weichtheile nach innen stark verdickt, und über dem zweiten Ring ist es sogar zur Bildung eines Wulstes gekommen.

Der Kehlkopfmuskel ist sehr dünn, seine Fibrillen endigen in der Membran zwischen den beiden untersten Trachealringen, welche deshalb wohl als äussere Paukenhaut angesehen werden kann.

Yarrell giebt von der indischen Krontaube an, dass der Muskel auf der Membran zwischen dem untersten Trachealring und dem ersten Bronchialring inserirt. Ich glaube indess diesen wegen seiner innigen Verwachsung mit dem nach oben folgenden Trachealring bei der Dolchstichtaube als letzten Trachealring ansehen zu müssen. Und ebenso verhält es sich auch bei *Goura coronata*, deren Stimmorgan zu untersuchen ich zufällig Gelegenheit fand. Auch bei ihr endigt der Musculus bronchotrachealis auf der Membran zwischen erstem und zweitem Trachealring.

Eigenthümlich und übereinstimmend mit der folgenden Familie ist der Verlauf der Musculi sternotracheales, der von Nitzsch richtig beschrieben wurde. Dieselben kommen vereinigt an der rechten Seite der Trachea herab und verlassen dieselbe bei *Phlogoenas* in der Gegend des 13. Ringes. Der nach der rechten Spitze des Sternums gehende hat einen geraden Weg, während der nach der linken Seite verlaufende sich über die vordere Fläche der Trachea legen muss. Hierdurch wird auch bewirkt, dass man den rechten Kehlkopfmuskel nicht sieht, während der linke frei zu Tage tritt.

## 14. Columbidae.

Ich untersuchte die Stimmorgane mehrerer Racen von Haustauben, fand jedoch keine Abweichungen unter denselben.

Die untersten Ringe der Trachea sind auf der hinteren Seite durch eingeschobene Knorpelstückchen verbunden. Die beiden letzten Ringe sind vorn und hinten stark verbreitert, hinten in diesen Verbreiterungen miteinander verschmolzen, vorn durch ein falsches Gelenk verbunden. Den grossen Raum an den Seiten zwischen diesen beiden Ringen füllt die äussere Paukenhaut aus, auf welcher der Kehlkopfmuskel seinen unteren Ansatz findet. Derselbe inserirt keineswegs auf dem ersten Halbringe, wie Meckel und R. Wagner angeben. Vicq d'Azyr hält den letzten Trachealring für den ersten Halbring und lässt den Muskel auf der Membran zwischen beiden enden. Die Fibrillen laufen spitz zu, und die Bindegewebshüllen verlieren sich in dem Gewebe der Membran.

Der erste Bronchialhalbring articulirt vorn an dem unteren Fortsatz des letzten Trachealringes, hinten ist er mit diesem durch ein falsches Gelenk verbunden.

Die letzten Trachealringe sind auf der Vorderseite hohl und knöchern. Nach hinten zu verlieren die Ringe diese Structur. Der Knorpel ist nicht so vollständig der Resorption verfallen, und auf der hinteren Seite hat eine solche bei den von mir untersuchten Exemplaren gar nicht stattgefunden.

Zwischen dem vorn gelegenen unteren Fortsatz des ersten Trachealringes und den hinteren Enden der ersten Bronchialhalbringe spannen sich die vereinigten inneren Paukenhäute aus. Stannius spricht allerdings von einem knorpeligen Stege, doch konnte ich einen solchen bei keinem Exemplare finden; derselbe wird durch eine Verdickung der Membranen ersetzt. Diese füllen die ganze Innenseite der Bronchien aus und sind in der Gegend des vierten Halbringes durch elastische Fasern verbunden.

Das Epithel der Trachea und der Bronchien ist sehr dick und bildet durch Einstülpung zahlreiche nebeneinander liegende, einfach schlauchförmige Drüsen. Dieselben fehlen nur über dem ersten Halbring. Zwischen den Drüsen verlaufen viele Blutgefässe, welche auch den äusseren und inneren Paukenhäuten in grosser Anzahl zukommen.

Die Musculi sternotracheales verlassen die Trachea in der Gegend des 15. und 16. Ringes. Ihr Verlauf gleicht vollständig dem bei *Phlogoenas* beschriebenen.

## 15. Phasianidae.

Das von mir untersuchte Stimmorgan eines weiblichen *Euplocomus lineatus* differirte in der Form und Verschmelzung der Ringe etwas von dem, von Garrod bei *E. Swinhoei*, *E. albocristatus*, *E. nycthemerus* und *E. praelatus* beschriebenen. Die zwei untersten Trachealringe sind auf der Vorderseite verschmolzen und hier sehr verbreitert. Der dritte Ring ist vorn gleichfalls verbreitert und mit schwachen Erhebungen des oberen und unteren Randes versehen. Indessen ist er von dem nach unten folgenden Ring vorn durch ein schmales Band getrennt. Auf der hinteren Seite dagegen sind die zwei untersten Ringe unter sich und mit dem vorhergehenden verwachsen, obwohl der letzte derselben in der Mittellinie nicht geschlossen ist. Der Steg muss deshalb von der Knorpelplatte der ersten beiden Ringe vorn zum zweiten und dritten Ringe hinten in die Höhe steigen. Er behält auf diesem Wege seine Höhe, wie sie in der vorderen Platte ausgedrückt ist. Der vierte Trachealring zeigt auf der Vorderseite noch eine unbedeutende Eigenthümlichkeit, indem derselbe einen kleinen Fortsatz abgiebt, welcher hinter den oberen Fortsatz des dritten Ringes greift. Vom fünften Ring aufwärts hat die Trachea keine Besonderheiten mehr aufzuweisen. Die Ringe sind vollkommen geschlossen und, da sie aus gering verkalktem Knorpel bestehen, weich. Ihre Breite wächst allmälig von unten nach oben.

An dem untersten Trachealring articulirt hinten und vorn der erste Bronchialhalbring vermittelst falscher Gelenke. Die Knorpelzellen sind hier kleiner und die Intercellularsubstanz ist nicht verkalkt, so dass eine Bewegung des Halbringes möglich ist. An den Seiten werden die beiden Skelettstücke durch ein grosses häutiges Fenster geschieden. Ebenso der erste Bronchialring vom zweiten, mit welchem er vorn und hinten articulirt. Die übrigen Halbringe sind durch schmale Membranen getrennt.

Die beiden Membranen zwischen dem ersten Trachealring und dem ersten Halbring, sowie zwischen diesem und dem zweiten dienen als äussere Paukenhäute. Sie sind sehr dünn und falten sich, wenn der am 14. Ring abgehende Musculus sternotrachealis die Trachea verkürzt, sehr leicht nach innen. Ihnen gegenüber liegt die innere Paukenhaut, welche sich über den stumpfen oberen Rand des Steges von einem Bronchus in den anderen fortsetzt, ohne eine Membrana semilunaris zu bilden. Ausser dem Stege dienen ihr noch die hinteren Extremitäten des untersten Trachealringes zur oberen Insertion. Dem vierten Halbringe gegenüber, etwas der Vorderseite genähert, bildet sie eine kegelförmige Falte, welche wohl bei der Stimmbildung mitwirkt. Ob ausser dem Sternotrachealmuskel noch ein anderer besonderer Kehlkopfmuskel vorhanden ist, konnte ich an dem einen Exemplar, welches mir zur Verfügung stand, nicht ersehen.

Schwer zu verstehen ist der untere Kehlkopf unseres Haushuhnes. Erst der Vergleich mit einem *Euplocomus* und besonders mit *Gallus bankiva*, den Garrod beschrieben hat, verschafft die gewünschte Auskunft. Sind die untersten Trachealringe bei letzterem schon rudimentär, so verschwinden sie fast vollständig bei *Gallus domesticus*, und mit Recht konnte Cuvier behaupten, dass der Querbalken tiefer liegt als der letzte Ring, an dem er sich befestigt, so dass die Membranen, welche die Stimmritze bilden, sich einander gegenüberstehen und nur eine einfache Oeffnung zwischen sich lassen, statt zwei, wie bei den übrigen Vögeln. Eine genaue mikroskopische Untersuchung belehrt uns aber, dass das, was Cuvier als äussere Paukenhaut ansah, nicht nur diese ist, sondern noch vier Ringe in sich einschliesst, welche als unterste Trachealringe aufzufassen sind.

Die Trachea ist am unteren Ende stark comprimirt. Vorn und hinten trägt sie dicht über der Bifurcation zwei kleine dreieckige Knochenstückchen, und zwischen diesen verläuft der ebenfalls knöcherne Steg. An jene articuliren mittelst falscher Gelenke die ersten knorpeligen Bronchialhalbringe, welche nach unten stark convex gebogen sind. In Betreff der zweiten Halbringe scheint ein Geschlechtsdimorphismus zu herrschen. Bei den von mir untersuchten männlichen Exemplaren articulirten ihre vorderen Extremitäten mit den ersten Halbringen durch falsche Gelenke, bei den weiblichen dagegen nicht. Die folgenden Halbringe sind nicht weiter differenzirt und ihre Enden stehen auch mit denen der vorhergehenden Halbringe nicht in Verbindung.

Dort, wo die Enden des ersten Halbringes an den Dreiecken inseriren, wird die grosse Membran in horizontaler Richtung von einem dünnen Knorpelstück durchsetzt, welches indessen die Dreiecke nicht berührt. Es ist dies der erste Trachealring. Auf ihn folgen noch drei reducirte Ringe, welche ebenfalls vorn und hinten die Dreiecke nicht erreichen und dann folgt, sich entweder plötzlich von der Membran absetzend, der sehr deutliche fünfte Ring, oder der Uebergang findet allmälig durch Stärkerwerden des dritten und vierten Ringes statt. Ich habe beide Arten bei den Haushühnern gefunden. Vom fünften Ring an aufwärts constatirte ich Knochen, während die reducirten Ringe, mit Ausnahme des ersten, durchweg knorpelig waren.

Der Musculus sternotrachealis verlässt die Trachea in der Gegend des 14. Ringes. Unter ihm und an seinen beiden Seiten hervorschend verläuft noch ein zweiter Muskel, welcher als Kehlkopfmuskel aufzufassen ist, wenn er sich auch nicht so weit entwickelt hat, wie wir es eigentlich von einem solchen verlangen. Er inserirt nämlich schon am siebenten Trachealring. Wie er wirkt, kann ich nicht angeben. Vielleicht zieht er vom Mittelpunkte der Trachea aus die obere und untere Hälfte derselben zu jenem hin und erweitert so die Glottis. Der Musculus sternotrachealis bildet durch Herabziehen der Trachea aus der Membrana tympaniformis externa ein Stimmband, und zwar dient diesem der unterste Trachealring als feste Grundlage. Gerade unter diesem hat das Epithel der äusseren Paukenhaut einen Kranz grösserer Drüsen. Ebenso führt die innere Paukenhaut auf ihrer ganzen Innenfläche und auch über dem Stege zahlreiche Drüsen.

### 16. Perdicidae.

Die von mir auf das Stimmorgan untersuchten Arten dieser Familie wurden auch von Garrod beschrieben, dessen Angaben ich nur weniges hinzuzufügen habe.

Die Trachealringe von *Caccabis saxatilis* alterniren an den Seiten nur wenig und die letzten liegen, ebenso wie bei *C. rufa*, dicht aneinander. Der dritte und vierte springen auf der Hinterfläche nach unten vor. Die beiden untersten Ringe zeigen auf ihrer vorderen verschmolzenen Fläche eine trapezoide Figur. Dieselbe ist erzeugt von der Resorption der unteren Knorpelschicht. Dieser Hohlraum setzt sich auch in den Steg fort, der an jenem Trapezoid inserirt. Die Wandungen des Steges verknöchern zum Theil, doch finden sich in denselben, besonders in der Spitze, noch zahlreiche Nester von Knorpelzellen. Nach hinten wird der Steg flacher, bis er sich, nachdem alle Knochenmasse aufgehört hat, knorpelig an den zweiten Ring ansetzt, der ebenfalls, wie alle Tracheal- und Bronchialringe, keine Spur einer Verknöcherung zeigt.

Das Mark des Steges ist stark fettig und von zahlreichen Blutcapillaren durchzogen.

Die innere Paukenhaut ist dicht unter der Bifurcation nur hinten sichtbar. Den Lungen zu wendet sie sich auf die Vorderseite der Bronchien. Das Epithel derselben trägt zahlreiche Drüsen.

Der Bronchidesmus befindet sich in der Gegend des dritten Halbringes. Der Musculus sternotrachealis verlässt die Trachea in der Gegend des siebenten Ringes.

Bei *Coturnix coromandelica* sind die Trachealringe auf der Vorderseite schmal und durch breite Membranen getrennt, während diese sich auf der hinteren Seite zu Linien reduciren und die Ringe sehr breit werden. Der dritte und vierte Ring sind vorn auf dem oberen und unteren Rande mit Fortsätzen versehen, die aber zu keiner festen Verbindung hinführen. Dagegen sind die beiden untersten Ringe vorn verschmolzen und mit ihnen auch die vorderen Enden des ersten Halbringes in Verbindung. Die Verschmelzungsplatte ist, ebenso wie bei *Caccabis*, Knorpel, dessen Innenmasse resorbirt ist. Hinter derselben setzt sich der Steg an, der sich hier genau so verhält, wie beim Steinhuhn. Hinten verschmilzt er knorpelig mit dem zweiten Trachealring, während der erste hier nicht geschlossen ist. Der Hohlraum der vorderen Verschmelzungsplatte setzt sich nach den Seiten in die beiden ersten Trachealringe fort, endet indess sehr bald.

Die inneren Paukenhäute füllen zwischen den Enden des ersten Halbringes die ganze Innenseite der Bronchien aus. Innerhalb des zweiten werden sie schmal, sie verbinden sich hier durch den Bronchidesmus und laufen, auf die Hälfte ihrer ursprünglichen Breite reducirt, zu den Lungen.

Der Musculus sternotrachealis kommt an der Hinterseite der Trachea herab, die er bis dicht über seinem Abgang am zweiten Trachealring ganz bedeckt.

Das von mir untersuchte Stimmorgan von *Lophortyx californicus* stammt von einem weiblichen Thier, und daraus erklären sich wohl die Abweichungen von der Garrod'schen Beschreibung, die ein männliches Thier behandelt.

Auf der Vorderseite geht die mediane knorpelige Verschmelzung der Trachealringe über den sechsten Ring hinaus, während hinten nur die beiden untersten verschmolzen sind. Hier liegen die Trachealringe dicht aneinander, nach der Vorderseite zu aber werden sie schmaler und sind durch tiefe Membranen getrennt, wie es namentlich auf dem Längsschnitt deutlich zu sehen ist. Der Steg geht vom unteren Fortsatz des ersten Trachealringes zum unteren Rande des zweiten nach hinten. Er ist vorn im Querschnitt dreieckig; je mehr er sich der hinteren Wand nähert, desto näher kommt sein Querschnitt einem Kreise.

Der erste Bronchialhalbring articulirt oben an der Trachea durch ein falsches Gelenk, hinten dagegen durch ein echtes. Seine Beweglichkeit ist eine relativ sehr grosse. Zwischen ihm und dem ersten Trachealring befindet sich eine grosse äussere Paukenhaut, deren Dicke von oben nach unten rasch zunimmt. Der zweite Halbring liegt dicht unter dem ersten und ist theilweise von diesem verdeckt. Auch die übrigen Halbringe sind nur durch sehr schmale Membranen von einander getrennt.

Die innere Paukenhaut liegt mit ihrer dünnsten Stelle etwas tiefer als die äussere. In der Höhe des dritten und vierten Halbringes ist sie mit der gegenüberliegenden durch das Band elastischer Fasern verbunden.

Die weibliche Schopfwachtel ist ohne specifischen Kehlkopfmuskel, während bei der männlichen ein solcher beschrieben wird. Derselbe soll an der Hinterseite der Trachea herabkommen und sich an der inneren Paukenhaut inseriren. Das Weibchen besitzt nur den Sternotrachealmuskel, welcher etwas oberhalb des dritten Ringes die Trachea verlässt.

Von *Perdix cinerea* hat Garrod die eigenthümliche Umformung der beiden untersten Trachealringe richtig beschrieben. Die vordere Verschmelzung läuft nach unten spitz zu, und an diese Spitze setzt sich der Steg, wie schon Cuvier wusste. Es hat hier wieder eine Resorption des Knorpels mit folgender Knochenbildung stattgefunden, so dass die beiden untersten Trachealringe mit ihren vorderen und hinteren Verschmelzungen und der Steg knöchern sind. Die übrigen Skelettstücke dagegen sind knorpelig. Der Steg trägt nahe der Vorderseite der Trachea noch eine hohe Crista, welche aus Knorpelzellen gebildet ist, nach der Mitte zu aber allmälig sich verliert.

Die Bronchialhalbringe sind sehr dünn und liegen dicht zusammen. Der erste derselben schliesst mit dem untersten Trachealring eine breite

Membrana tympaniformis externa ein, welche jedoch hoch über dem Steg liegt, so dass von ihr nur eine einfache Glottis umschlossen werden kann.

Die innere Paukenhaut setzt sich über den Steg fort, ohne sich zu einer Membrana semilunaris zu erheben. Der Bronchidesmus befindet sich zwischen dem 10. und 12. Halbring und hält die an und für sich in dieser Gegend sehr genäherten Paukenhäute dicht aneinander.

Den Rebhühnern kommt, und zwar beiden Geschlechtern, ausser dem über dem zweiten Ringe abgehenden Sternotrachealmuskel noch ein besonderer Kehlkopfmuskel zu. Derselbe kommt hinter jenem an der Trachea herab und endet auf dem dritten Ringe derselben. Er wird wohl auch abspannend auf die äussere Paukenhaut wirken, während der Musculus sternotrachealis aus derselben ein Stimmband bildet.

## 17. Vulturidae.

Dem Königsgeier sprach schon Cuvier den unteren Kehlkopf ab, und auch bei *Catharista atrata* kann man kaum von einem solchen reden. Wenigstens fehlen den Ringen an der Bifurcation alle Eigenschaften, welche es ihnen ermöglichen, ein Stimmband zu bilden oder überhaupt ihre gegenseitige Lage zu verändern. Sie werden in der Nähe der Theilung sehr schmal und sind vorn und hinten durch Membranen getrennt, die unregelmässig von Anastomosen der knorpeligen Skelettstücke durchsetzt werden. Die Gegend an der Theilung erhält dadurch ein sehr unregelmässiges Ansehen. In den Bronchien zählte ich rechts acht, links sieben Ringe. Zwischen diesen liegen nur sehr schmale Membranen, so dass der feste Theil des rechten Bronchus länger ist, als der des linken. Auf die mit Ringen durchsetzten Bronchien folgte schliesslich eine membranöse Fortsetzung. Dieselbe beträgt auf der rechten Seite $1/3$, auf der linken Seite $2/3$ der ganzen Bronchuslänge. Auf der hinteren Seite sind die letzten Bronchialringe nicht geschlossen und der membranöse Bronchus setzt sich, gleichsam eine innere Paukenhaut bildend, zwischen deren Enden fort.

## 18. Falconidae.

Die von mir untersuchten Arten zerfallen nach dem unteren Kehlkopf in zwei Gruppen, *Falco subbuteo*, *F. tinnunculus* und *F. peregrinus* einerseits,

*Buteo vulgaris* und *Accipiter nisus* andererseits. Bei jenen setzt sich der Musculus bronchotrachealis an die Membrana tympaniformis externa, bei diesen an den ersten Bronchialhalbring.

Das Stimmorgan der Falconiden ist sehr einfach gebaut und leicht verständlich.

Bei den echten Falken ist die Trachea vollkommen knöchern; die oberen Ringe greifen an den Seiten übereinander, und die vier untersten Ringe bilden die Trommel. Vorn sind dieselben gewöhnlich verschmolzen, während sie sich nach den Seiten, von oben anfangend, schnell von einander lösen. Der Steg ist bei *F. tinnunculus* zwischen den drei untersten Ringen befestigt, bei *F. subbuteo* steigt er von diesen vorn zu dem zweiten hinten, und der erste bleibt ungeschlossen. Bei *F. peregrinus* bleiben die beiden untersten Ringe hinten offen, indem sich hier der Steg an den dritten und vierten setzt. Er ist hoch und spitz und als Theil der Trachea ebenfalls knöchern und hohl. Indessen ist in der Mitte die ursprüngliche Knorpelsubstanz nicht vollständig resorbirt, der Knochen ist nur auf die Spitze beschränkt, und der untere Theil ist knorpelig und sendet breite Fortsätze in die inneren Paukenhäute.

Die Bronchialhalbringe sind massiv knorpelig und im Allgemeinen sehr dünn. Nur der erste zeichnet sich durch eine bedeutendere Stärke aus. Er articulirt vorn und hinten am unteren Rande der Trommel und springt, da er flacher ist, etwas über den darunterliegenden vor. Diese grössere Mächtigkeit ist für ihn Bedürfniss, da zwischen ihm und dem unteren Rande der Trommel die grosse äussere Paukenhaut ausgespannt ist. Im Allgemeinen nur eine Fortsetzung der häutigen Theile, welche die Ringe zusammenhalten, ist dieselbe durch Aufnahme weiterer Fasern, besonders bei *F. subbuteo*, zu einem Stimmbande verdickt.

An die äussere Paukenhaut setzt sich der Kehlkopfmuskel. Derselbe kommt zum Theil an der Trachea herab, besitzt aber daneben noch eine zweite ebenso starke Partie von Fasern, die ihren Ursprung erst dicht über der Trommel nehmen und unter der Abgangsstelle der Musculi sternotracheales liegen, so dass der Muskel am unteren Ende der Trachea doppelt so breit ist als am oberen. Die Muskelfasern enden in der Membrana tympaniformis externa spitz und das Sarkolemm setzt sich direct in die Fasern der Paukenhaut fort.

Die innere Paukenhaut zeichnet sich durch ihre ausserordentliche Feinheit aus. Bei *F. peregrinus* kleidet sie die Innenseite der Bronchien vollständig aus, bei *F. tinnunculus* und *subbuteo* hat sie nur innerhalb der beiden ersten Halbringe eine grössere Ausdehnung. Ihre obere Anheftung findet sie bei *F. subbuteo* und *F. peregrinus* an den ungeschlossenen hinteren Enden der Trachealringe und am Stege, bei *F. tinnunculus* nur an letzterem. Ueber diesen erhebt sie sich zu einer gewaltig entwickelten Membrana semilunaris. Dieselbe ist besonders in der Nähe der Vorderwand hoch und sehr dünn. Hinten erreicht sie diese Höhe nicht, auch ist sie hier bedeutend dicker.

Der Kehlkopfmuskel wirkt als Laxator glottidis. Sein Antagonist ist der Sternotrachealmuskel, der, je nach der Art, zwischen dem sechsten und zehnten Ringe die Trachea verlässt. Er zieht dieselbe herab und bewirkt dadurch ein Einspringen der äusseren Paukenhaut in den Bronchialraum.

Nicht so übereinstimmend im Bau des unteren Kehlkopfes sind *Buteo vulgaris* und *Accipiter nisus*. Bei beiden greifen die Trachealringe seitlich übereinander und die untersten sechs bilden die Trommel.

Die Verschiedenheiten, die ich im Gewebe dieser Skelettstücke auffand, beruhen wohl nur auf dem Alter der Vögel. Der untere Kehlkopf des Bussards war einem sehr jungen Vogel entnommen, während der Sperber fast vollkommen ausgefärbt war.

Die Trommel des ersteren war nur vorn verschmolzen und knöchern. Von hier geht auch der ebenfalls knöcherne Steg ab. Im Uebrigen zeigten Trommel und Trachealringe nur Knorpelzellen.

Der unterste Ring der Trommel vom Sperber war knorpelig, die übrigen dagegen erschienen knöchern. Ebenso der Steg, welcher von den beiden untersten Ringen abgeht. Nur an den unteren Ecken des Steges finden sich bei beiden Vögeln lange Knorpelfortsätze. Beim Sperber ist die Verknöcherung nach oben noch um einen Ring über die Trommel hinaus fortgeschritten. Derselbe ist hohl und hat in sich schon etwas Knochensubstanz.

Bei *Buteo* geht der Steg hinten in die ganze Breite der Trommel über, bei *Accipiter* aber steigt er zum unteren Rande des fünften Ringes, so dass die darunter liegenden hier ungeschlossen bleiben.

Die Bronchialhalbringe sind knorpelig, mit Ausnahme des ersten, sehr dünn und durch breite Membranen von einander getrennt. Der erste

Halbring articulirt vorn und hinten an dem unteren Rande der Trommel. An ihm inserirt der Kehlkopfmuskel und zieht ihn aussen an dem unteren scharfen Rand der Trommel herauf. Auf diese Weise wird das Labium, welches bei *Buteo* dem ersten Halbring selbst, bei *Accipiter* der Membran zwischen diesem und dem folgenden Halbring aufliegt, nach aussen gezogen und die Glottis erweitert. Die Verengerung derselben geschieht durch den Musculus sternotrachealis, der bei *Accipiter* am 9., bei *Buteo* am 14. Ring die Trachea verlässt.

Die Membrana tympaniformis interna füllt beim Bussard die ganze Innenseite der Bronchien aus. Beim Sperber, wo ihr ausser dem Stege noch die ungeschlossenen hinteren Enden der vier untersten Trachealringe zur Anheftung dienen, läuft sie am fünften Halbring spitz zu und erreicht als schmales Band die Lungen. Der Bronchidesmus findet sich bei beiden in der Gegend des fünften Halbringes.

## 19. Strigidae.

An *Accipiter nisus* schliesst sich *Strix flammea* im Bau ihres unteren Kehlkopfes dicht an. Die Ringe der Trachea, im oberen Theil breit und sich seitwärts überdeckend, werden vom achten Ring an schmaler. Die vier untersten Ringe sind hinten nicht geschlossen, sondern dienen mit ihren Enden der inneren Paukenhaut zum Ansatz. Vorn gehen sie in die Bildung des Steges ein. Dieser steigt steil nach hinten in die Höhe und inserirt hier am unteren Rande des fünften Ringes.

Der erste Bronchialhalbring articulirt vorn und hinten mit dem ersten Trachealring. Die übrigen Halbringe liegen getrennt von einander in der Membran.

Was den Musculus bronchotrachealis anlangt, so sprach Meckel den Eulen einen solchen überhaupt ab. Cuvier sagt, dass er vorhanden sei und bei *Strix flammea* am siebenten Halbring inserire. Letzterer Angabe kann ich nicht beistimmen, denn an den von mir untersuchten Exemplaren inserirt er am ersten Halbring und zieht denselben beim abgestorbenen Thiere dicht an die Trachea, so dass eine äussere Paukenhaut nicht zu sehen ist. Löst man den Muskel, so bemerkt man eine sehr schmale Membran, die aber unmöglich die Dienste eines Stimmbandes versehen kann. Als solches dient ein Wulst auf dem ersten Halbring, welcher durch die innere Paukenhaut durchschimmert.

Der Musculus sternotrachealis, welcher dies Labium zum Vorspringen bringt, geht am 10. Ring von der Trachea zum Sternum ab.

Die innere Paukenhaut beginnt oben spitz, da sie zwischen dem steilen Stege und den hinteren Enden der untersten Trachealringe ausgespannt ist. Sie wird am breitesten zwischen den ersten Halbringen und läuft von hier, allmälig schmaler werdend, bis zu den Lungen.

Von diesem Larynx weicht der, welchen *Asio brachyotus* besitzt, bedeutend ab. Die Umformungen, welche an dem Respirationsorgane vorgenommen sind, um ein stimmbildendes Organ daraus zu machen, beschränken sich sämmtlich auf die Bronchien, so dass ich nicht anstehe, der Sumpfohreule einen Larynx inferior bronchialis zuzuschreiben.

Die Trachea hat, das Vorspringen des letzten Ringes auf der Vorderseite und das Nichtgeschlossensein desselben auf der hinteren ausgenommen, bis zu ihrer Theilung keine Besonderheiten aufzuweisen. Diese geschieht durch einen breiten Knorpel, über den sich die innere Paukenhaut glatt hinweglegt. Die ersten drei Ringe der Bronchien gleichen noch ziemlich denen der Trachea, die darauf folgenden vier sind im Verhältniss zu ihrer Höhe sehr breit und bewirken eine äusserliche Anschwellung der Bronchien, während das Lumen derselben sich nicht wesentlich ändert. Auf der Vorderseite knicken diese sieben Ringe von beiden Seiten plötzlich um und bilden hier eine Ebene, deren innere Ränder nahe aneinander liegen. Nach hinten erstrecken sich die Ringe dagegen nicht weit, und man kann hier fast die ganze innere Paukenhaut sehen.

Diese sieben Ringe sind, ebenso wie die Trachealringe, knöchern und hohl. Erst dicht am hinteren Ende werden sie massiv und knorpelig. Der achte Halbring, welcher durchweg massiv und knorpelig ist, legt sich dicht an den vorhergehenden. An ihm, und zwar an seiner hinteren Hälfte, findet der Musculus bronchotrachealis seine untere Insertion. Contrahirt sich derselbe, so zieht er die Membrana tympaniformis externa, welche zwischen dem achten und neunten Halbring ausgespannt ist, herauf und erweitert so die

Glottis. Sein Antagonist ist der am dritten Trachealring abgehende Sternotrachealmuskel.

Die übrigen Halbringe sind knorpelig und durch breite Membranen von einander getrennt.

Die innere Paukenhaut ist sehr gross und dünn. Sie erhebt sich nicht zu einer Membrana semilunaris und nimmt so der Trachea jeden Anspruch, bei der Bildung des Stimmorgans behülflich gewesen zu sein.

## 20. Cypselidae.

Nur wenige Bemerkungen über den unteren Kehlkopf von *Cypselus apus*.

Die Trachealringe greifen an den Seiten übereinander. Nur die drei untersten machen hiervon eine Ausnahme. Der erste bildet einen bedeutenden Vorsprung nach der Seite und ragt weit über den zweiten hervor. Er ist vorn hohl und mit verfettetem Mark ausgefüllt. Jedoch ist es nicht zur Bildung von Knochen gekommen, sondern das Gewebe sämmtlicher Skelettstücke ist Knorpel. Vom untersten Trachealring steigt der Steg, welcher anfangs hohl, nach hinten aber, wie jener massiv wird, zum zweiten und dritten Trachealring empor.

Der erste Bronchialhalbring hat denselben Bogen wie der unterste Trachealring, an dem er vorn und hinten articulirt. In der Mitte sind sie durch eine breite Membran getrennt. Die nach unten folgenden Halbringe sind nicht weiter differenzirt.

Die inneren Paukenhäute füllen bis zum fünften Halbring den Innenraum der Extremitäten der Bronchialhalbringe aus. Nachdem sie sich hier durch das elastische Band verbunden haben, laufen sie schmal bis zu den Lungen.

Der Musculus bronchotrachealis inserirt am untersten Trachealring. Sein Antagonist und Bildner des Stimmbandes aus der zwischen unterstem Trachealring und erstem Halbring gelegenen äusseren Paukenhaut ist der Musculus sternotrachealis, welcher am 14. Ring die Trachea verlässt.

## 21. Picidae.

Die Ringe der Trachea bei *Picus viridis* sind vollständig knöchern und im Verhältniss zur Breite sehr dünn. Auch greifen sie seitlich nur wenig übereinander und führen in den sich deckenden Rändern auch nur wenig Knorpelzellen.

Der erste Trachealring ist breiter und dicker wie die übrigen, hat aber auch keine weiteren Auszeichnungen als einen vorderen, äusserlich etwas erhabenen Fortsatz des unteren Randes, an dem der erste Bronchialhalbring articulirt.

Durch den stumpfen, im Querschnitt ein gleichseitiges Dreieck darstellenden Steg wird der unterste Trachealring getheilt. Ueber ihn legt sich die innere Paukenhaut, die sich zu einer kleinen Membrana semilunaris erhebt. Ein Bronchidesmus, welcher in der Höhe des fünften bis siebenten Halbringes liegt, verbindet die Paukenhäute beider Seiten.

An dem untersten Trachealring articulirt vorn und hinten der knöcherne erste Bronchialhalbring, an diesem vorn der zweite und an dessen vorderem Ende der dritte, während die übrigen frei in der Membran liegen, welche sie weit von einander trennt. Sie sind knorpelig und haben nur einen dünnen Mantel von Knochensubstanz.

Auf dem ersten Halbring liegt ein von Bindegewebsfasern gebildetes Labium, dessen Bewegung von den Musculi sterno- und bronchotracheales geregelt wird. Dieser kommt unter jenem an der Trachea herab. Seine Fibrillen endigen etwas unter dem oberen Rande des ersten Trachealringes. Von hier setzt er sich in eine Sehne bis zum ersten Bronchialhalbringe fort, wie schon R. Wagner richtig angiebt.

Der Musculus sternotrachealis verlässt die Trachea an ihrem achten Ringe.

## 22. Alcedenidae.

Ueber *Alcedo ispida* lauten die Angaben so verschieden, dass ich nicht unterlassen konnte, das Stimmorgan dieses Vogels nochmals zu untersuchen. Die Härte des unteren Endes der Trachea, die Vergrösserung des Lumens daselbst waren schon Cuvier aufgefallen: über den unteren Ansatz des Muskels macht er dagegen zwei verschiedene Angaben. Die richtigere findet sich in seiner ältesten Arbeit über den unteren Larynx, in welcher er den betreffenden Muskel am zweiten Halbring inseriren lässt, während er in seiner vergleichenden Anatomie den dritten als Ansatzpunkt bezeichnet. Die folgenden Angaben in Betreff des Muskels widersprechen sich abwechselnd. Meckel bestätigt sein Vorkommen, R. Wagner leugnet ihn. Joh. Müller schliesst sich jenem, Herre wieder diesem an. Die mikroskopische Untersuchung überzeugte mich, dass der Muskel vorhanden ist, und werde ich unten über seine untere Insertion sprechen.

Die knorpeligen Trachealringe greifen seitlich übereinander. Die vier letzten derselben werden knöchern und bilden die Trommel. Vorn und hinten sind dieselben verschmolzen, an den Seiten lassen sie zum Theil kleine membranöse Räume zwischen sich, zum Theil findet Verschmelzung einzelner Ringe statt. Die Trommel ist ausgebuchtet, und da ihre Ringe vorn und an den Seiten sehr dünn sind, so entsteht im Innern ein grosses Lumen, welches sich vielleicht mit dem Labyrinth der Enten vergleichen liesse. Hinten werden die Ringe von oben nach unten wieder stärker und unterscheiden sich hier, die Verschmelzung abgerechnet, nur wenig von den nach oben folgenden. Auf der vorderen Seite ist die Trommel durch einen Fortsatz des unteren Randes weit vom ersten Bronchialhalbring entfernt, an der Seite und hinten aber liegt derselbe der Trommel dicht an. Der Zwischenraum auf der Vorderseite wird durch eine Membran ausgefüllt, die in das Innere vorspringen kann und als äussere Paukenhaut aufzufassen ist.

Zwischen dem vorderen Fortsatz des unteren Trommelrandes und der Rückwand des zweiten Ringes liegt der Steg. Derselbe ist vorn sehr schmal und durch einen sehr hohen und scharfen Kamm ausgezeichnet. Nach hinten zu verliert sich derselbe und der Knochen des Steges wird im Querschnitt stumpf eiförmig.

Vorn an dem unteren Fortsatz, hinten an dem unteren Rande der Trommel selbst, articulirt der erste Bronchialhalbring und an diesem vorn und hinten der zweite. Sie, wie alle übrigen Halbringe, die auf ihrem ganzen Umfange dicht aneinander liegen, sind knorpelig.

Zwischen den beiden ersten Halbringen liegt ein breites Fenster, welches wegen seiner Beziehung zum Kehlkopfmuskel von Interesse ist. Dieser kommt an der Trachea herab und wendet sich etwas oberhalb der Trommel, zugleich bauchig anschwellend, nach vorn. Seine untere Insertion findet er mit breiter Basis in der eben genannten Membran und auf dem zweiten Halbringe. Das Sarkolemm seiner Fibrillen geht theils in das Perichondrium des letzteren, theils in das Bindegewebe über, welches durch seine starke Wucherung zu einem Labium ausgebildet ist. Dasselbe liegt in seiner wichtigsten Partie halbkreisförmig über dem ersten Halbring. Die darunter gelegene ist nur an den Seiten deutlich ausgeprägt, während sie sich vorn und hinten schnell mit dem Niveau des übrigen Bronchialraumes ausgleicht.

Durch Contraction des Bronchotrachealmuskels wird das eigentliche Stimmband nach Art eines Winkelhebels nach unten gezogen. Zugleich werden wohl die Trommelwände etwas nach innen gedrängt, so dass die Menge der mitschwingenden Luft eine Verkleinerung erfährt.

Der Musculus sternotrachealis verlässt am dritten Ringe oberhalb der Trommel die Trachea, nachdem er durch die hier entspringenden Muskelfasern bedeutend verstärkt ist. Seine Function besteht darin, dass er durch Herabziehen der Trachea mittelst der Trommel auf den äusseren oberen Rand des ersten Halbringes einen Druck ausübt. In Folge dessen hebt sich der innere Rand desselben und damit auch das Stimmband, so dass die Glottis sich verengt.

Die innere Paukenhaut weist nichts bemerkenswerthes auf, zur Bildung einer Membrana semilunaris kommt es nicht. Der Bronchidesmus befindet sich in der Höhe des dritten und vierten Halbringes.

## 23. Cuculidae.

Der untere Kehlkopf von *Cuculus canorus* fällt nicht besonders auf. Die Trachealringe sind breit und bedecken sich seitlich bis zur Bifurcation. Hinten sind die beiden letzten nicht geschlossen, und deshalb steigt der Steg vom ersten Trachealring vorn zum dritten hinten.

Die ersten drei Bronchialhalbringe zeichnen sich von den folgenden durch grössere Stärke aus. Auch liegen sie dichter zusammen als die übrigen.

An den dritten Halbring setzt sich der Kehlkopfmuskel an, und nicht an den fünften, wie Cuvier und Herre, oder an den ersten, wie R. Wagner angiebt. Auch kann er nicht, wie Herre meint, die Glottis verengern, denn das Stimmband liegt dem dritten Halbringe auf und wird durch Contraction des Muskels nach aussen gezogen. Als Verengerer der Stimmritze dient der Musculus sternotrachealis, der nicht, wie der Musculus bronchotrachealis, an der Trachea herabkommt, sondern nur Fasern besitzt, welche ihren Ursprung am fünften und sechsten Trachealring nehmen.

Die Membrana tympaniformis interna setzt sich oben an den Steg und die hinteren Enden der ungeschlossenen Trachealringe. Im oberen Theil ist sie sehr breit, da die ersten Halbringe sehr flach sind. Erst am fünften Halbringe, wo auch der Bronchidesmus sich befindet, beginnt sie schmaler zu werden, um, immer mehr abnehmend, schliesslich die Lungen zu erreichen.

## 24. Passeres.

Das Skelett des unteren Kehlkopfes hat in Cuvier, Meckel, Savart, Herre etc. Bearbeiter gefunden, deren Angaben ich nur weniges hinzufügen kann.

Beim ausgewachsenen Vogel sind alle Ringe der Trachea und der Bronchien knöchern und hohl. Sie führen entweder Luft oder Mark, welches gewöhnlich stark fettig degenerirt ist.

Die Trachealringe sind breit und relativ dünn und greifen an den Seiten übereinander. Hier findet man auch noch einige wenige nicht resorbirte Knorpelzellen. Noch bedeutend dünner werden die letzten Ringe, in der Regel vier oder fünf, so dass sie auf Längsschnitten durch das Stimmorgan leicht der Beobachtung entgehen. Nur der erste hat oben eine etwas grössere Dicke, während er unten spitz zuläuft, so dass der ihm anliegende erste Halbring an ihm emporgleiten oder sich um seinen unteren Rand drehen kann. Diese vier oder fünf Ringe sind zu einer Trommel verschmolzen und haben den Steg zwischen sich, der im Allgemeinen hoch und spitz ist. Bei *Fringilla oryzivora* ist er auf ein dünnes cylindrisches Stäbchen reducirt und bei *Alauda cristata* tritt der Steg nur als Höcker hinten auf der Innenseite der Trommel auf, während er vorn vollständig verschwunden ist.

9*

In directer Beziehung zur Stimmbildung stehen die drei ersten Halbringe der Bronchien. Der erste derselben ist nur wenig differenzirt, er stellt einen einfachen, schwach gekrümmten, glatten Knochenstab dar. Der zweite dagegen dient den meisten Muskeln zum Ansatz und bietet deshalb die meisten Complicationen, die sich je nach der Singfähigkeit des Vogels vermehren oder vermindern. Die obere nach aussen gewandte Fläche trägt eine tiefe Furche, und so entsteht eine obere und eine untere Crista, an der die Muskeln sich inseriren. Jene dient den hinteren Muskeln des zweiten Bogens, diese den vorderen zum Ansatz. Nach hinten wird der Bogen sehr flach und sein Ende stellt eine Articulationsfläche dar, unter welcher das verdickte hintere Ende des dritten Halbringes hingleiten kann. Dieser ist dünner als die beiden vorhergehenden, dafür aber desto höher. Bei der ihm zukommenden Rotation drängt sein oberes Ende die vor ihm liegenden Weichtheile in das Lumen des Bronchus und verengert so die Glottis.

Mit den ersten beiden Halbringen durch ein falsches Gelenk verbunden ist ein kleiner Knorpel, ein Tensor, der in der inneren Paukenhaut liegt und bei deren Spannung mitwirkt, da sich an ihn auch Muskelfasern ansetzen.

Schwingende Theile fand ich vier. Zwischen dem zweiten und dritten Halbringe, der Vorderseite genähert, liegt eine Membran, die vorn breit ist und nach hinten spitz zuläuft. Bei *Garrulus glandarius, Pica caudata, Sturnus vulgaris, Alauda cristata, Fringilla domestica, F. canaria* und *F. oryzivora* ist sie wohl entwickelt und durch Muskeln, die alsbald von mir zu besprechen sind, leicht beweglich. Bei *Cardinalis virginianus* ist diese Membran dagegen nur sehr schmal und kaum fähig zu schwingen. Dafür ist hier aber das äussere Stimmband, welches, wie bei den übrigen untersuchten Vögeln, dem dritten Halbringe aufliegt, desto stärker entwickelt. Dasselbe ist gebildet von einer Wucherung des gewöhnlichen Bindegewebes, dessen Fasern senkrecht zu dem Epithel des Stimmbandes stehen. Eine Umformung des Bindegewebes zu Fasern, ähnlich denen in der Krystalllinse, wie Savart angiebt, ist nicht nachzuweisen.

Die dritte schwingende Membran ist die innere Paukenhaut. Ihre Grösse scheint ebenfalls von dem Gesangsvermögen des Vogels abzuhängen. Organisch mit ihr im Zusammenhang steht die Membrana semilunaris. Sie kommt nur Vögeln zu mit hohem spitzem Stege. Die Bildung über dem Stege bei *Fringilla oryzivora* kann man nicht als solche ansehen, und ebenso wenig der Lerche eine zuschreiben. Ein Mitwirken der an ihrer Stelle liegenden Gebilde bei der Stimmerzeugung und Formung ist auszuschliessen.

Die Bewegung der drei Halbringe gegen einander, ihre Stellung zu der Trachea, sowie die Spannung der Membranen geschieht nun durch eine Anzahl von Muskeln, die schon seit langer Zeit die Aufmerksamkeit der Forscher erregt haben. Vicq d'Azyr kannte nur einen vorn gefurchten Muskel, der das Stimmorgan umgiebt, von Bloch aber schon in demselben Jahre in sechs Paare zerlegt wurde. Schneider schreibt dem Raben drei Paare zu, Cuvier beschreibt deren fünf bei den Singvögeln, ausser dem Herabzieher der Trachea. Für letzteren führt er den Namen Musculus sternotrachealis ein, statt des von Vicq d'Azyr gebrauchten Musculus laryngis inferior et externus. Diese fünf Muskeln sind: die beiden langen Aufheber, welche vorn und hinten am dritten Halbring inseriren sollen, ein kurzer Aufheber, der hinten zum zweiten Halbring geht, der quere Aufheber, der vorn nach demselben Halbring und dem cartilaginösen Tensor hinläuft, und der schiefe Aufheber, welcher am hinteren Ende des zweiten Halbringes inserirt. Ihm folgt Blumenthal in seiner vergleichenden Anatomie. Genauer zerlegt Savart die Muskulatur. Den Lerchen, Amseln, Drosseln, Kernbeissern schreibt er fünf Muskelpaare zu, den Raben, Elstern, Krähen und auch den Eichelhähern, von denen Albers behauptete, dass sie nur vier Muskelpaare besässen, deren sechs, indem er nachweist, dass der kurze vordere Aufheber Cuvier's in zwei Muskeln zu zerlegen ist. Bei den Staaren fand Savart sogar sieben Muskelpaare, indem hier auch der lange vordere Aufheber in zwei zerfällt. Bei allen kommt dann noch der Musculus sternotrachealis hinzu, der nicht als eigentlicher Kehlkopfmuskel zu rechnen ist.

Meckel folgt im allgemeinen Savart und giebt sogar zu, dass die Zahl der Muskeln sich noch vermehren lasse. Anders Yarrell, demzufolge ein langer vorderer und ein langer hinterer Aufheber und ebenso zwei kurze an die Enden des ersten Halbringes sich setzen sollen, während die übrigen Halbringe der eigenen Muskeln entbehren und ganz auf den Musculus sternotrachealis angewiesen seien.

Herre schliesst sich in seiner Arbeit wieder an Savart an. Nicht aber Milne Edwards, obwohl dieser sich geradezu auf denselben beruft. Es klingt zwar sehr einfach, wenn man behauptet, dass der untere Kehlkopf der Singvögel sechs Muskelpaare habe, und dass auf jeden der drei ersten Halbringe deren zwei kommen, ein vorderes und ein hinteres Paar. Aber ganz so einfach ist die Sache doch nicht, und auch Savart hat sie nicht so einfach dargestellt.

Im Folgenden will ich versuchen, eine Beschreibung der Muskulatur zu geben, wie sie sich mir bei makro- und mikroskopischer Untersuchung dargestellt hat. Ihre Wirkung anzudeuten, will ich unterlassen, da die Beweise für die Richtigkeit solcher Ansichten nur durch vivisectorische Experimente beizubringen sind, die anzustellen mir Zeit und Material fehlte.

Bei den oben schon genannten Vögeln fand ich ausser den Sternotrachealmuskeln sieben Paar eigentlicher Kehlkopfmuskeln, in deren Benennung ich mich Savart und Herre anschliesse.

An der Seite der Trachea kommt ein Muskel herab, welcher sich über der Abgangsstelle des Musculus sternotrachealis theilt und in die drei folgenden Muskeln zerfällt.

1. Musculus levator longus anterior arcus secundi. Er läuft von der Seite schräg nach vorn herab und findet seine untere Insertion am vorderen Ende des zweiten Halbringes. Der erste und dritte erhalten keine Fasern von ihm. Bei *Sturnus, Alauda, Cardinalis* und *F. canaria* konnte ich Fasern nachweisen, welche nach der inneren Paukenhaut liefen und hier an dem cartilaginösen Tensor ihre untere Insertion fanden.

2. Musculus levator longus posterior arcus secundi. Von der Seite der Trachea schräg nach hinten herablaufend, endet er am hinteren Ende des zweiten Halbringes.

3. Musculus rotator arcus tertii. Er ist der einzige Muskel, welcher am dritten Halbring inserirt. Er kommt unter dem zuerst genannten an der Trachea herab und inserirt am unteren Rande des vorderen Endes vom dritten Halbring. Beim Staar laufen von diesem Muskel auch einige Fibrillen zu der Membran zwischen zweitem und drittem Halbring.

Die folgenden Muskeln entspringen, mit Ausnahme des siebenten, sämmtlich am oberen Rande der Trommel mit mehr oder weniger breiter Basis.

4. Musculus levator brevis anterior arcus secundi. Er liegt unter dem langen vorderen Heber und tritt nur auf der Mitte der Vorderseite etwas unter diesem hervor. Er entspringt mit einer kurzen Sehne am oberen Rande der Trommel und läuft von hier, allmälig stark anschwellend, zum vorderen Ende des zweiten Halbringes.

5. Musculus levator brevis posterior arcus secundi. Neben dem langen hinteren Heber an der Seite gelegen, vom oberen Rande der Trommel schräg nach hinten zum hinteren Ende des zweiten Halbringes laufend. Auch an den ersten Halbring giebt er zahlreiche Fasern ab.

6. Musculus laxator membranae tympaniformis externae. Unter dem rotator arcus tertii liegend fand ich ihn bei allen von mir untersuchten Vögeln auf der Membran endigen, welche vorn zwischen dem zweiten und dritten Halbringe liegt. Bei *Cardinalis*, wo diese Membran nur sehr schmal ist, besteht der Muskel aus nur wenig Fasern.

7. Musculus tensor membranae tympaniformis internae. Ich gebe dem Muskel diesen Namen, weil damit zugleich die Function bezeichnet wird, die er anscheinend verrichtet. Er inserirt nämlich an der inneren Paukenhaut. Ausserdem giebt er noch Fasern an die hinteren Enden der beiden ersten Halbringe ab. Dieser Muskel kommt hinten an der Trachea herab und ist zum Theil von dem hinteren langen Aufheber des zweiten Halbringes bedeckt. Dort, wo der Steg mit der Hinterseite der Trommel verschmilzt, nimmt er seinen Weg und verliert sich hier in der inneren Paukenhaut.

Zu diesen Muskeln gesellt sich noch ein achtes Paar, der Musculus sternotrachealis, welcher ebenfalls an der Trommel entspringt, und zwar an jener Stelle, wo sich der an den Seiten herabkommende Muskel in die vordere und hintere Partie theilt. Vorausgesetzt, dass er kräftiger entwickelt wäre, würden ihm fast alle Functionen zukommen, die auf die übrigen Muskelpaare vertheilt sind.

Ich kann diesen Abschnitt nicht schliessen, ohne der Hunter'schen Beobachtungen zu gedenken, die anscheinend nur sehr wenig bekannt sind (15). Wenigstens fand ich sie nur von Meckel erwähnt. Hunter beobachtete, dass die stark singenden Vögel, und besonders die Männchen derselben, in Hinsicht auf die Stärke der Kehlkopfmuskeln alle übrigen Vögel übertreffen.

Auch waren die Muskeln des unteren Kehlkopfes beim männlichen Vogel immer stärker entwickelt als beim weiblichen derselben Art. Latham hielt dies ebenfalls für feststehend, dass die Männchen die stärksten Kehlkopfmuskeln besitzen und dass dieselben bei der Nachtigall stärker sind, als bei irgend einem Vogel von der gleichen Grösse.

Meckel konnte die Hunter'schen Beobachtungen bestätigen. Auch fand er, dass bei *Corvus*, wo die Stimme keine sexuelle Verschiedenheit aufweist, die Stärke der Muskeln bei beiden Geschlechtern gleich ist.

## Entwickelungsgeschichtliches.

Ich machte meine Untersuchungen an Embryonen von *Fringilla domestica* und *Anas boschas*. Von jenen hatte ich eine grosse Zahl Eier gesammelt, welche ich nach der Grösse des jungen Thieres und des Dottersackes auf die 13 Bebrütungstage vertheilte. Enteneier liess ich in der Brütmaschine bebrüten, so dass ich hier über das Alter der Embryonen genau unterrichtet war.

Verfolgt man die durch einen drei Tage alten Sperling gelegten Schnitte von oben nach unten, so sieht man der Bauchseite genähert einen dicken mesodermalen Zellenstrang, in welchem das mehrschichtige Epithel des Speiserohres sich hinzieht. Auf einer bestimmten Höhe trifft man die in allen Lehrbüchern der Entwickelungsgeschichte gegebene Figur, welche die Abspaltung der Trachea darstellt, in die das Epithel hineinwuchert. Sehr bald theilt sich diese Trachea in die beiden Bronchien, welche relativ sehr viel länger werden, als die Trachea. Sie wenden sich nach unten und hinten und gehen ungetheilt durch die Lungen, an deren äusseren Seite sie verlaufen. Auch diese sind noch nicht vollkommen differenzirt, es sind vielmehr die mesodermalen Partien der Bronchien, Lungen, Leber etc. vielfach unter sich verbunden.

Am fünften Tage sprossen vom Bronchus die Pfeifen nach innen, die sich dann im Laufe der weiteren Entwickelung in immer feinere Zweige auflösen.

Die Trachea ist relativ noch sehr kurz und führt uns mit den sehr langen Bronchien ein Stadium vor, wie wir es zeitlebens bei gewissen Reptilien und auch bei *Sphenisens* haben.

Um die Trachea und die Bronchien herum, besonders an der Stelle, wo diese sich vereinigen, zeichnet sich eine Partie durch stärkere Imbibitionsfähigkeit von Farbstoffen aus. Am siebenten Tage kann man in ihr, und zwar an den Seiten des späteren unteren Kehlkopfes, runde Flecken erkennen, die daher rühren, dass in ihnen die Zellen näher aneinander gerückt sind. Es sind dies die Anlagen der späteren Ringe, welche sich von den Seiten aus zu entwickeln beginnen, und welche, nach oben und unten sich ausbreitend, die Kanäle umfassen, ohne jedoch vorläufig Knorpelzellen zu zeigen. Erst am achten Tage bemerkt man solche am unteren Kehlkopf und am zehnten auch in der Trachea und den Bronchien. Der Steg zeigt an diesem Tage noch kein festes Skelett, dies tritt erst gegen Ende des elften Tages als ein runder Knorpelstab auf.

Rathke's Angaben, welche dahin lauten, dass die ersten Spuren der Verdichtung zu Knorpel auf der Vorderseite auftreten, konnte ich nicht bestätigen.

Die Trachea ist unterdessen durch weitere Abspaltung von dem Oesophagalrohr nach oben bedeutend gewachsen, so dass sie jetzt in die Rachenhöhle sich einschiebt. In demselben Verhältniss haben auch die Bronchien sich verkürzt, indem der Steg reducirt wurde.

Am zehnten Tage beginnt die Muskulatur sich zu differenziren, ohne dass die unteren Ringe gleich anfangs sich zur Trommel umbilden. Dieselben sind im Querschnitt noch kreisrund und die beiden untersten vorn und hinten durch den Knorpel des Steges verbunden. An den Seiten haben sie wie alle anderen Ringe noch embryonales Bindegewebe zwischen sich. Der cartilaginöse Tensor ist gleichfalls auf diesem Stadium vorhanden.

Am zwölften Tage sind die Muskeln vollständig differenzirt, so dass man sie nach ihren unteren Ansatzstellen schon unterscheiden kann. Auf dem dritten Halbring beginnt sich das spätere Stimmband zu erheben. Die vier untersten Trachealringe werden breiter und berühren sich am folgenden Tage mit ihren Rändern, so die Bildung der Trommel einleitend.

Nicht verschieden hiervon entwickelt sich das Respirationsorgan bei der Ente. Nur treten die Knorpelringe etwas später, am zehnten Tage, auf, die Muskulatur am zwölften.

Aber ein Umstand überraschte mich, und das um so mehr, als ich ihn bei mehr denn dreissig Embryonen der verschiedensten Alterstadien fand und deshalb wohl als constant ansehen muss. Es ist dies das Auftreten einer linksseitigen Anschwellung an der Bifurcation der Trachea. Sie kam bei allen Embryonen vom dritten bis zum zwanzigsten Tage vor und wurde in den späteren Stadien, nach Differenzirung der Trachea, von vier Ringen gebildet, die sich durch grössere Dicke und Breite von den übrigen auszeichneten. Die Stadien vom 20. bis 27. Tage fehlten mir, und bei Embryonen späteren Alters fand ich den unteren Kehlkopf mit und ohne Anschwellung. Es muss also in jener Zeit bei den Weibchen eine durch die Geschlechtsdifferenzen bedingte Reduction stattgefunden haben. Wann und wie sich dieselbe einleitet, müssen weitere Forschungen darthun.

Wenn der Sperling und die Ente geboren werden, besitzen beide eine knorpelige Trachea und eben solche Bronchien. Ich glaube, dass es beim Huhn ebenso ist, und nicht, wie Rathke angiebt, schon am Ende der Bebrütungszeit Verknöcherung der Ringe eintritt. Am 17 tägigen Hühnerembryo war jedenfalls noch keine Spur von Knochen vorhanden.

Viele Vögel behalten zeitlebens Knorpelringe, bei vielen aber tritt eine Verknöcherung ein und diese wird gewiss überall eine postembryonale sein. Dieselbe beginnt nach dem anatomischen Befund von vorn (*Gallinago*, *Columba*, *Buteo*, *Asio*, *Cypselus*, *Accipiter*) oder von hinten (*Limosa*, *Phlogoenas*). Eine von den Seiten beginnende Verknöcherung erscheint jedenfalls viel seltener, wenn auch ihr Vorkommen nicht zu leugnen ist, wie z. B. bei *Nycticorax*, wo die beiden ersten Bronchialhalbringe in der Mitte verknöchert sind.

Die Verknöcherung beginnt am unteren Kehlkopf und schreitet von da nach oben fort. Oft sind auch die ersten Bronchialhalbringe, und zuweilen sogar alle, verknöchert. Letzteres setzt jedoch ein gleiches bei der Trachea voraus. Wenn man nun im ersten Trachealring den Beginn der Verknöcherung suchen kann, so giebt es auch hiervon Ausnahmen. So ist er beim Sperber massiv knorpelig, während die nach oben folgenden Ringe der Trommel hohle Knochen repräsentiren.

Die Verknöcherung selbst scheint folgendermassen vorzugehen. Auf dem Knorpel lagert sich, von vorn oder hinten beginnend, zuerst eine dünne und lückenhafte Knochenlamelle ab. Darauf beginnt das Periost in das

Innere zu wuchern, und zwar gewöhnlich vom Innenraum der Trachea, seltener von irgend einer anderen Stelle aus. Blutgefässe dringen mit ein und der Knorpel wird allmälig resorbirt und von embryonalen Markzellen erfüllt. Die dem aufgelagerten Knochen zunächst liegenden Zellen differenziren sich von den übrigen und werden zu Osteoblasten, welche dann von innen heraus eine neue Knochenbildung einleiten. Dieselbe würde schliesslich zur gänzlichen Ausfüllung des Hohlraumes führen, wenn nicht das Mark frühzeitig fettig degenerirte und so ein Massivwerden des Knochens verhinderte.

# Erklärung der Abbildungen.

### Allgemeine Bezeichnungen.

1. Unterster oder erster Trachealring.
II. Zweiter Trachealring u. s. f.
a. Erster  
b. Zweiter  } Bronchialhalbring.  
c. Dritter  
s. Steg. br. Bronchus.
l. Labium. t. e. Membr. tympaniformis externa.
t. i. Membrana tympaniformis interna.
m. s. Membrana semilunaris.
bd. Bronchidesmus.
e. Epithel.
m. st. Musculus sternotrachealis.
m. bt. Musculus bronchotrachealis.

— —

Fig. 1. Unterer Kehlkopf von *Struthio camelus*. Vorderansicht.
Fig. 2. Derselbe. Rückansicht.
Fig. 3. Unterer Kehlkopf von *Casuarius galeatus*. Vorderansicht.
Fig. 4. Derselbe, von hinten gesehen.
Fig. 5. *Rhea americana*. Larynx inferior. Vorderansicht. Der Muskel auf der linken Seite ist fortgenommen, um die äussere Paukenhaut zu zeigen.
Fig. 6. Derselbe. Rückansicht.
Fig. 7. Derselbe, von der rechten Seite gesehen.
Fig. 8. *Spheniscus Humboldtii*. Larynx inferior, von der linken Seite gesehen.
Fig. 9. Derselbe. Längsschnitt durch den Steg.

Fig. 10. *Podiceps minor*. Larynx inferior von vorn.
Fig. 11. Derselbe, von der rechten Seite.
Fig. 12. *Pelecanus crispus*. Larynx inferior von vorn gesehen. Die Bronchialringe haben sich stark nach innen eingebogen, so dass man in den Winkeln nur ein kleines Stück der inneren Paukenhaut sieht.
Fig. 13. Derselbe, von unten gesehen.
Fig. 14. *Anas tadorna* masc. Larynx inferior von vorn gesehen mit den Anschwellungen. Die Pfeile deuten den Weg an, den die Luft zurückzulegen hat, um in die Lungen zu gelangen.
  m. y. Musculus ypsilotrachealis.
Fig. 15. Längsschnitt durch die Trachea von *Anas tadorna*.
Fig. 16. Unterer Kehlkopf von *Limosa melanura* in der Medianlinie getheilt, so dass der Steg mit den ihn bildenden Ringen sichtbar ist.
Fig. 17. Längsschnitt durch die linke Hälfte der Trachea und den linken Bronchus.
Fig. 18. Längsschnitt durch die Gegend des Stimmbandes.
Fig. 19. *Gallinago scolopacina*. Unterer Kehlkopf von vorn gesehen.
Fig. 20. Derselbe, von hinten gesehen.
Fig. 21. Derselbe, von der linken Seite.
Fig. 22. Längsschnitt durch die rechte Hälfte der Trachea und den rechten Bronchus in der Mitte der Seite.
  l. s. Labium superior.
  l. i. Labium inferior.
Fig. 23. Längsschnitt nahe der Vorderfläche.
  c. t. Cartilago tensor.
Fig. 24. Längsschnitt durch die Mitte der rechten Hälfte des unteren Kehlkopfes von *Crex pratensis*.
Fig. 25. Steg in der Nähe der Vorderwand.
Fig. 26. Larynx inferior von *Fulica atra* von vorn.
Fig. 27. Derselbe im Durchschnitt.
Fig. 28. Längsschnitt durch die Mitte der rechten Hälfte.
Fig. 29—32. Unterer Kehlkopf von *Ciconia alba* von vorn, hinten, der rechten Seite und im Durchschnitt gesehen.
Fig. 33—35. Unterer Kehlkopf von *Ardea garzetta* von vorn, hinten und der linken Seite.
Fig. 36. Längsschnitt durch die Mitte der rechten Hälfte.
Fig. 37. Längsschnitt durch die Mitte der linken Hälfte des unteren Kehlkopfes von *Nycticorax caledonicus*.
Fig. 38. Schnitt durch den halben Steg desselben Vogels, um sein Eingreifen in die Paukenhaut zu zeigen.

Fig. 39—41. Unterer Kehlkopf von *Phlogoenas cruentata* von vorn, hinten und der linken Seite gesehen.
Fig. 42. Längsschnitt aus der Mitte der linken Hälfte.
Fig. 43. Ebenso von *Columba domestica*.
Fig. 44—46. Unterer Kehlkopf derselben von vorn, hinten und der linken Seite.
Fig. 47—48. Unterer Kehlkopf von *Euplocomus lineatus* von vorn und der linken Seite.
Fig. 49. Längsschnitt durch die Mitte der linken Hälfte.
Fig. 50—51. Unterer Kehlkopf von *Gallus domesticus* von vorn und der linken Seite gesehen.
Fig. 52. Längsschnitt durch die Mitte der rechten Hälfte.
Fig. 53. Partie unter dem ersten Trachealring, stärker vergrössert, um die Drüsen (g) zu zeigen.
Fig. 54—55. Unterer Kehlkopf von *Caccabis saxatilis* von vorn und hinten.
Fig. 56. Längsschnitt durch die rechte Hälfte.
Fig. 57—60. Unterer Kehlkopf von *Coturnix coromandelica* von vorn, hinten, der rechten Seite und im Durchschnitt gesehen.
Fig. 61—63. Unterer Kehlkopf von *Lophortyx californicus* von vorn, hinten und der linken Seite.
Fig. 64. Längsschnitt durch die linke Hälfte.
Fig. 65—67. Unterer Kehlkopf von *Perdix cinerea* von vorn, hinten und der rechten Seite.
Fig. 68. Längsschnitt durch die rechte Hälfte.
Fig. 69—70. Theilung der Trachea bei *Catharista atrata*.
Fig. 71. Vorderansicht des unteren Kehlkopfes von *Falco peregrinus*.
Fig. 72—73. Der untere Kehlkopf von *Falco subbuteo* von hinten und der linken Seite. Bei dieser Ansicht ist der Musculus sternotrachealis wegpräparirt.
Fig. 74. Längsschnitt durch die Mitte der rechten Hälfte des unteren Kehlkopfes von *Buteo vulgaris*.
Fig. 75. Ebenso durch die linke Hälfte von *Accipiter nisus*.
Fig. 76—78. Unterer Kehlkopf von *Asio brachyotus* von vorn, hinten und rechts gesehen.
Fig. 79. Längsschnitt durch die linke Hälfte.
Fig. 80. Längsschnitt durch die Mitte der rechten Hälfte des unteren Kehlkopfes von *Picus viridis*.
Fig. 81. Längsschnitt durch die Mitte der linken Hälfte des unteren Kehlkopfes von *Alcedo ispida*.
Fig. 82. Ebenso von *Cuculus canorus*.

Fig. 83–87. Der untere Kehlkopf von *Pica caudata* mit seinen Muskeln. Die Zahlen entsprechen den in der Abhandlung für die betreffenden Muskeln gebrauchten.

Fig. 83. Vorderansicht.
Fig. 84. Rückansicht.
Fig. 85. Seitenansicht von rechts.
Fig. 86. Desgl. Die Muskeln eins, zwei und drei sind abgetragen, um die darunter gelegenen zu zeigen.
Fig. 87. Die linke Seite des unteren Kehlkopfes nach Abtragung sämmtlicher Muskeln.

# VITA.

Ich, Franz Ludwig Wunderlich, wurde am 15. Februar 1859 in dem Dorfe Weende bei Göttingen geboren und erhielt daselbst den ersten Unterricht vom Lehrer der Dorfschule. Ostern 1870 zogen meine Eltern nach Weissenthurm, Reg.-Bezirk Koblenz, und ich wurde in die Sexta der Realschule zu Neuwied aufgenommen. Nachdem ich daselbst die Berechtigung zum einjährig-freiwilligen Militärdienst erhalten, ging ich nach Göttingen und bestand an der dortigen Realschule Ostern 1879 das Maturitätsexamen. Meine Universitätsstudien begann ich in Giessen, wo ich während zwei Semester die Vorlesungen der Herren Professoren Schneider, Hoffmann, Will und Röntgen hörte und im zoologischen und chemischen Laboratorium praktisch arbeitete. Ostern 1880 vertauschte ich Giessen mit Leipzig und ging nach drei Semestern nach Berlin. Hierselbst hörte ich die Vorlesungen des Herrn Professor Bastian und des Herrn Privatdocenten Westermeier. Im Sommersemester 1882 nahm ich meine unterbrochenen Studien in Leipzig wieder auf. Während der daselbst zugebrachten fünf Semester hörte ich die Vorlesungen der Herren Professoren Leuckart, Schenk, Zirkel, Credner, Zürn und Carus, der Herren Privatdocenten Chun, Marshall und Fraisse. Ausserdem besuchte ich das zoologische Laboratorium und die zoologische Gesellschaft des Herrn Geheimrath Leuckart. Ihm vor allen Dingen, sowie den Herren Dr. Chun und Dr. Marshall gebührt mein Dank für das Interesse, das sie meiner Arbeit entgegenbrachten.

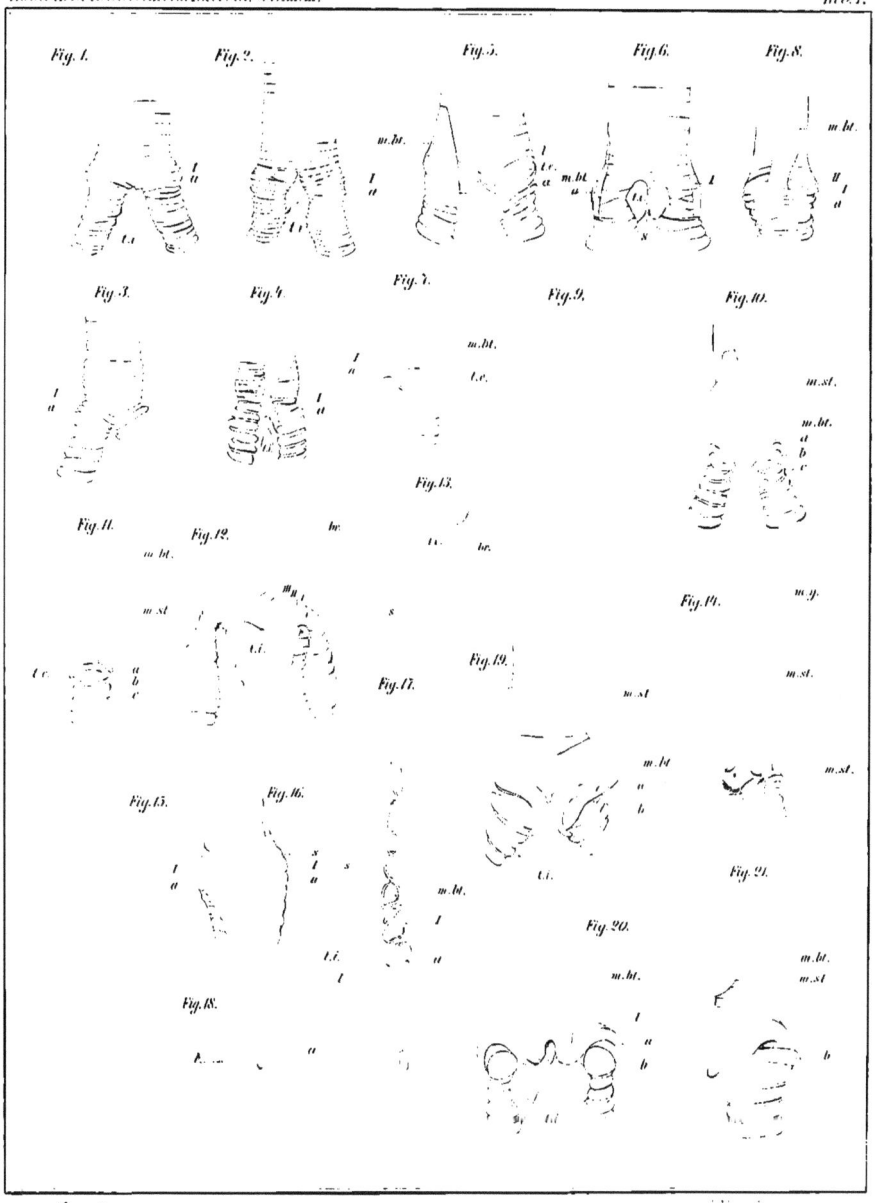

L. Wunderlich: Kehlkopf der Vögel. Taf. I.

L. Wunderlich: Kehlkopf der Vögel. Taf. 2.

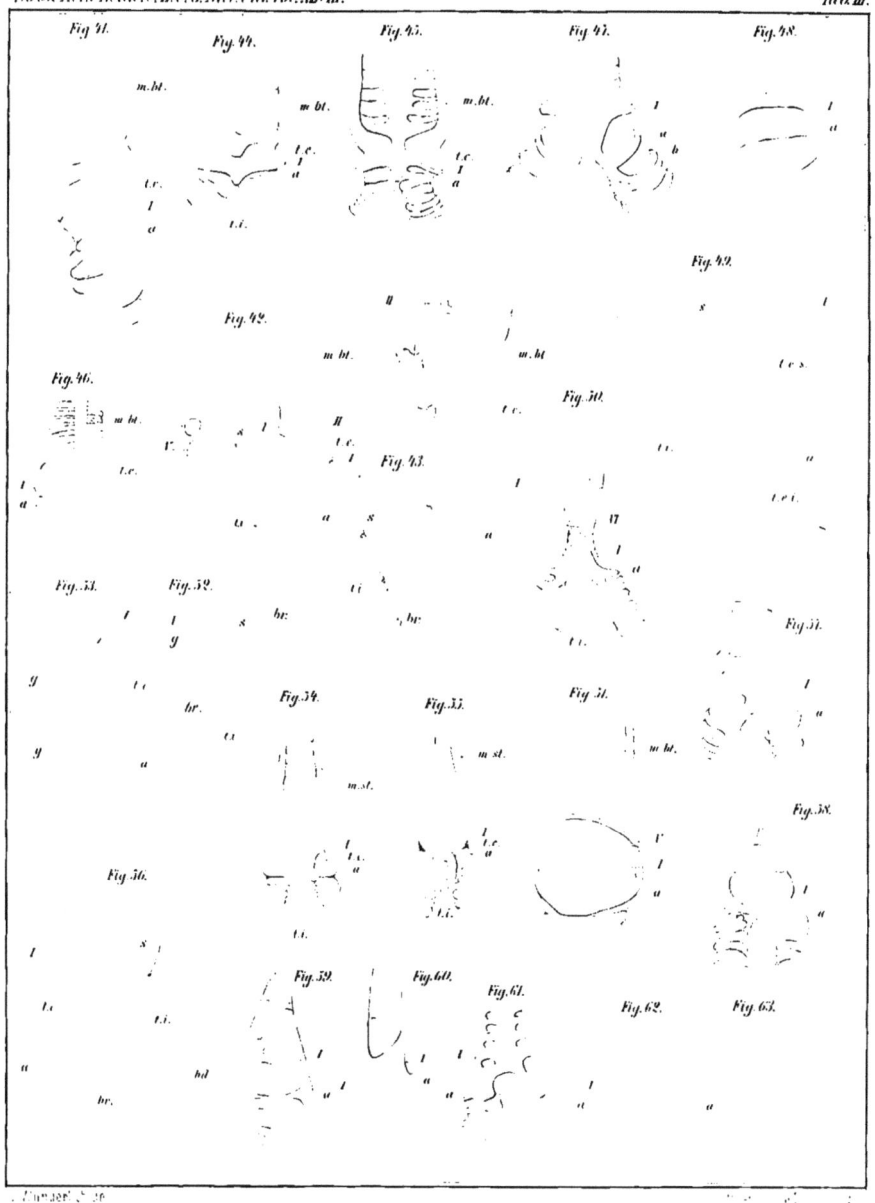

L. Wunderlich: Kehlkopf der Vögel. Taf. 3.

L. Wunderlich: Kehlkopf der Vögel. Taf. 4.